**Das große Ravensburger
Bilderlexikon von A–Z**

Das große Ravensburger
BILDERLEXIKON
von A–Z

Ravensburger Buchverlag

Inhalt

Ägypten 8
Amphibien 10
Aras und Papageien 12
Arktis und Antarktis 14
Außergewöhnliche
   Tiere 16
Auto 18

Bahn 20
Bauernhof 22
Bäume 24
Bäume aus aller Welt 26
Baumaschinen 28
Bauwerke 30
Berufe 32
Blumen 34

Dinosaurier 36
Dinosaurier – Meeres-
   und Flugsaurier 38

Erde 40
Erfindungen 42

Fahrzeuge 44
Farben 46
Fernsehen 47
Feuerwehr 48
Flughafen 50
Flugzeuge und
   Hubschrauber 52
Fluss und Bach 54
Fortpflanzung 56
Fossilien 57

Gemüse 58
Getreide 60
Gewürze 61
Griechen 62

Hafen 64
Haie 66
Häuser in aller Welt 68
Haustiere 70
Hochgebirge 72
Höhlen 74
Hunde 76

Inka 77
Indianer 78
Insekten 80

Jahreszeiten 82

Katzen 84
Krokodile
   und Echsen 85
Kühe und Rinder 86

Lastwagen 88
Luftschiffe
   und Ballons 90

Menschlicher Körper 92
Meteore und
   Kometen 94
Mond 96
Musikinstrumente 98

Naturphänomene 100

Obst 102
Ozean 104

Pferde 106
Pilze 107
Polizei 108

Raumfahrt 110
Regenwald 112
Reptilien und
    Spinnentiere 114
Ritterburg 116
Römer 118

Savanne 120
Schiffe 122
Seefahrer 124
Seeräuber
    und Piraten 126
See- und
    Meeresfische 128
Sonne 130
Sonnensystem 132

Sport 134
Spuren der Tiere 136
Stammbaum der Tiere 138
Strand 139
Stromerzeugung 140

Tarnung der Tiere 142
Teich 144
Theater 146
Tunnels und Brücken 148
Uhren 150
Urzeitmenschen 152
Urzeittiere 154

Vögel am Wasser 156
Vögel auf dem Land 158
Vulkane und
    Erdbeben 160

Wald 162
Wale und Delfine 164
Wasserkreislauf 166
Wetter und Wolken 168
Wikinger 170
Wohnungen der Tiere 172
Wüste 174

Zugtiere 176

Anhang 178
Gedicht 180
Bildersuchrätsel 182
Leserätsel 184
Worterklärungen 186
Hast du das gewusst? 190
Internetadressen 191
Register 192

Ägypten

Vor etwa 5000 Jahren entwickelte sich im fruchtbaren Niltal in Afrika die ägyptische Hochkultur. Ihre Herrscher, die Pharaonen, ließen prächtige Tempel und Pyramiden erbauen. Pyramiden dienten als riesige Grabkammern. Da der Bau 20 bis 30 Jahre dauerte, begann man schon zu Beginn der Regierungszeit. Steinmetze schlugen riesige Quader aus dem Stein. Diese wurden auf Holzrollen zur Rampe gezogen, auf der man die Steine nach oben transportierte.

Die 137 m hohe Cheopspyramide bei Gise im Querschnitt:

Königskammer im Zentrum (1), Königinnenkammer (2), Felsenkammer (3), Luftschacht (4), Eingang an der Nordseite (5)

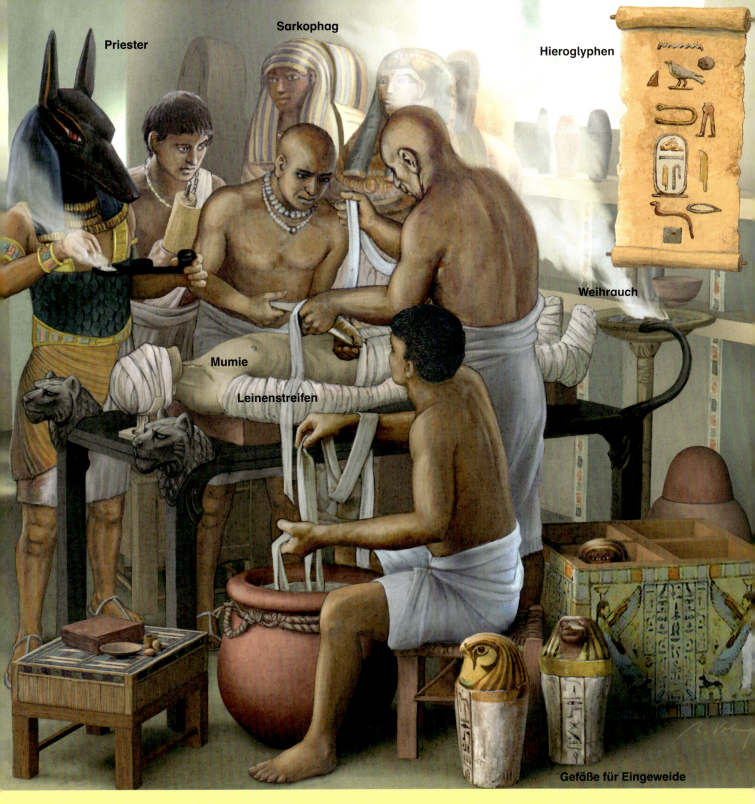

Mumien

Die Ägypter glaubten an ein Leben nach dem Tod. Um ewig weiterleben zu können, ließen sie ihren Körper nach dem Tod einbalsamieren. Denn nur in einem unversehrten Körper konnten sich Körper und Seele wieder vereinigen und weiterleben.

Ein Priester mit der Maske des Gottes Anubis beaufsichtigte die Zeremonie. Dabei verbrannte man Weihrauch. Dem toten Pharao entfernte man das Gehirn und alle Organe. Diese legte man in besondere Gefäße. Anschließend wurde der Tote in Natronsalz gelegt und getrocknet. Die Mumie umwickelte man mit in Harz getränkten Leinenstreifen. Dazwischen wurden Amulette gelegt. Sie sollten im Leben nach dem Tod Glück bringen. Die Mumie wurde in einen Sarkophag gelegt. Ägyptische Schriftzeichen, die Hieroglyphen, auf dem Sarkophag berichteten über das Leben des Pharao.

Amphibien

Frösche, Kröten, Unken, Salamander und Wassermolche gehören zu den Amphibien. Das ist ein anderes Wort für Lurche. Diese Tiere können sowohl im Wasser als auch auf dem Land leben. Sie sind überall außer in den Polarregionen anzutreffen.

Die Entwicklung der Frösche
Die meisten Frösche pflanzen sich im Wasser fort. Die Weibchen legen Froschlaich (1) ab. Aus ihnen entwickeln sich Kaulquappen (2). Sie atmen wie die Fische unter Wasser mit Kiemen.

Wenn sie etwas älter sind, wachsen ihnen Gliedmaßen und es bilden sich Lungen (3). Einige Wochen nach dem Schlüpfen verlässt der junge Frosch das Wasser (4). Sein Schwanz wird kleiner und verschwindet bald ganz.

Frösche, Kröten und Unken
Der Teichfrosch kann bei der Jagd seine lange Zunge sehr schnell ausklappen. Der Laubfrosch hat einen schlankeren Körper als im Wasser lebende Frösche. Der auffällig gefärbte tropische Pfeilgiftfrosch ist giftig. Im Gegensatz zu Fröschen haben Kröten eine plumpere Gestalt, kurze Hinterbeine und eine warzige Haut. Die Aga-Kröte jagt nachts nach Insekten. Bei der Geburtshelferkröte trägt das Männchen die befruchteten Eier drei Wochen mit sich herum, bevor es diese ins Wasser bringt.
Die Gelbbauchunke zeigt bei Gefahr ihren gelben Bauch und sondert eine ätzende Flüssigkeit ab. Sie lebt von Insekten und Schnecken.
Andere Teichbewohner wie der Kamm-Molch und der Feuersalamander gehören zu den Schwanzlurchen. Der Olm besitzt Lungen und Kiemen und kann an Land und unter Wasser atmen.

Grünflügelara

Aras und Papageien

Man kennt die lebhaften Vögel aus Zoos und Vogelparks. Viele Arten sind bunt gefärbt. Papageien können gut klettern. An ihren Füßen haben sie vier Zehen. Davon sind zwei nach vorne und zwei nach hinten gerichtet. Damit können sich die Vögel gut an Zweigen festklammern. Manchmal dient auch der Schnabel der Papageien als „dritter Fuß". Seine wichtigste Aufgabe ist aber das Knacken von Samen und Früchten. Papageien leben in Amerika, Afrika, Australien und Asien. Manche entflogene Papageien brüten auch in Europa in freier Natur.

Papagei-Gruppen
Es gibt zum Beispiel Kleinpapageien, Eigentliche Papageien, Prachtsittiche, Loris, Wellen-

Hyazinthara

Ararauna

Arakanga

Soldatenara

sittiche, Nestorpapageien und Kakadus. Aras sind die größten aller Papageien. Wellensittiche kann man im Haus halten. Man sollte sich aber mit der Pflege gut auskennen und sie immer nur paarweise halten. Papageien brauchen regelmäßig Futter und Wasser und sollten einen geräumigen Käfig haben.

Aras
Aras werden 80 bis 95 cm lang. Der Hyazinthara wird sogar bis zu 1 m lang. Es gibt sehr viele Ara-Arten. Fast alle leben in den Urwäldern Mittelamerikas und im Norden Südamerikas. Der Rücken des Ararauna oder Gelbbrustara ist blau und seine Unterseite gelb gefärbt. Der

Arakanga (Hellroter Ara) und der Grünflügelara (Dunkelroter Ara) gehören zu den buntesten Papageien. Der Soldatenara hält sich am liebsten im Regenwald auf.
Aras brüten in Baumhöhlen und legen zwei Eier. Mit ihrem kräftigen Schnabel können sie selbst harte Schalen gut knacken.

Eisbären bringen ihre Jungen in Schneehöhlen zur Welt.

Das Horn am Kopf des männlichen Narwals kann bis zu 3 m lang werden.

Der Polarfuchs ist im Sommer braun, im Winter weiß.

Arktis und Antarktis

Die kältesten Regionen der Erde sind die Polargebiete. Hierzu zählen der Nord- und der Südpol. Der Nordpol wird auch Arktis genannt und ist eine riesige, gefrorene Eismasse. Der Südpol (Antarktis) ist ein Kontinent und besteht aus einer großen Landmasse mit bis zu 5200 m hohen Bergen. Die Eismassen türmen sich zu Gletschern auf, die sich weit ins Meer hineinschieben und sich zu großen Treibeisflächen und Eisbergen verbinden. Der größte Teil des Süßwassers auf der Erde ist in den Eismassen der Antarktis gefroren.

Pflanzen und Tiere

Trotz der Kälte gibt es in den Polargebieten eine reiche Tier- und Pflanzenwelt. In der

Möwen schnappen anderen Vögeln oft die Nahrung weg.

Bei den Pinguinen brütet das Männchen die Jungen aus.

Sattelrobbe mit Jungem

Das Walross hat starke, große Eckzähne, die Hauer.

Antarktis wachsen hauptsächlich Flechten, Moose und Algen. In der Arktis gibt es außerhalb der Fels- und Eiswüsten die Tundra. Hier wachsen niedrige Sträucher und Gräser.
Die Tiere schützen sich mit ihrem Fell, einem dichten Gefieder oder einer dicken Fettschicht vor der Kälte. Der Eisbär hat eine dicke Fettschicht. Die Eisbärenjungen werden von Geburt an mit einer sehr fettreichen Muttermilch gesäugt.
Eisbären, Wölfe, Füchse, Rentiere, Hasen und Lemminge leben nur in der Arktis. Durch ihr oft weißes Fell sind sie in Eis und Schnee gut getarnt.
Pinguine kommen nur in der Antarktis vor. Die Vögel können nicht fliegen, dafür schwimmen und tauchen sie umso besser. Auf der Suche nach Nahrung dringen auch Wale in die Polargebiete vor.
Walrosse haben sehr große Stoßzähne. Damit schrecken sie Feinde ab.

Außergewöhnliche Tiere

Der Koala und das Känguru kommen nur in Australien vor. Ihre Jungen wachsen im Beutel der Mutter heran. Auch der Schnabeligel zählt zu den Beuteltieren. Er bringt nicht wie andere Säugetiere seinen Nachwuchs lebend zur Welt, sondern legt Eier. Der Riesengleitbeutler besitzt eine Flughaut zwischen Ellenbogen und Knie. Er kann bis zu 100 m durch die Luft segeln.
Die Bienenelfe ist nur 6 cm groß und der kleinste Vogel der Welt.

Mit seinen Brustflossen kann der Fliegende Fisch bis zu 50 m weit über das Wasser „fliegen". Den Quastenflosser gibt es seit mehr als 65 Millionen Jahren. Die giftigen Fangarme der Seeanemone können dem Clownfisch nichts anhaben.

Die Portugiesische Galeere sieht aus wie eine riesige Qualle. Sie besteht aber aus unzähligen Polypen. Polypen sind Nesseltiere. Sie haben einen schlauchförmigen Körper und Fangarme.
Der Grottenolm ist ein Schwanzlurch, der sowohl mit Lungen als auch mit Kiemen atmen kann. Deshalb kann er am Land und im Wasser leben.
Auf Madagaskar leben die Lemuren. Sie gehören zur Familie der Affen. Sie sind vor allem bei Nacht aktiv. Um in der Dunkelheit gut sehen zu können, haben sie große Augen.
Das Chamäleon kann je nach Stimmung seine Farbe wechseln und sogar weiß oder schwarz werden.
Der Gecko heftet sich mit den Haftscheiben an seinen Zehen auf glatten Flächen fest. Er kann sogar Glasscheiben hochklettern.
Die Gottesanbeterin fängt mit ihren Vorderbeinen blitzschnell ihre Beute.

Auto

Vor etwa 120 Jahren wurden die ersten Autos gebaut. Sie sahen ganz anders aus als unsere Autos heute und waren noch viel langsamer. Aber schon damals wurden sie mit Benzin- oder Dieselmotoren angetrieben.

Die Autoteile
Die wesentlichen Teile eines Autos sind das Fahrgestell, die Karosserie, der Motor und der Antrieb. Das Fahrgestell besteht aus der Federung, den Achsen und den daran befestigten Rädern. Die Karosserie ist die Stahlblechhülle, an die alle anderen Teile montiert werden. Der Antrieb besteht aus Getriebe, Kupplung und anderen Teilen zur Kraftübertragung zwischen Motor und Antriebsrädern. Der Motor befindet sich meist vorne im Auto und treibt

über das Getriebe die Vorder- oder die Hinterräder oder alle vier Räder an.
Autos haben zwischen vier und sechs Gänge sowie einen Rückwärtsgang. Soll das Auto langsam fahren, benutzt man die niedrigen Gänge, will man schneller werden, legt man die höheren Gänge ein.

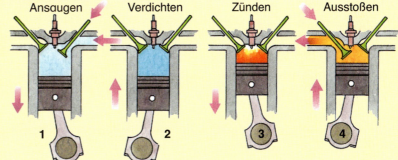

Durch den Viertaktmotor wird das Auto angetrieben. Der Kolben saugt ein Gemisch aus Benzin und Luft in den Zylinder (1), verdichtet es (2) und bringt das Gemisch durch einen Funken aus der Zündkerze zur Explosion (3). Nun drückt der Kolben die Abgase aus dem Zylinder (4).

Bahn

Mit der Bahn können Menschen und Güter über weitere Entfernungen Zeit sparend transportiert werden. Die erste deutsche Bahnstrecke führte von Nürnberg nach Fürth. Sie wurde 1835 mit einer Fahrt der Dampflokomotive „Adler" eröffnet.

Diesel- und Elektromotoren treiben moderne Züge an. An Kreuzungen oder Gabelungen werden die Züge über eine Weiche auf ein anderes Gleis geführt. Diese beweglichen Schienenstücke werden vom Stellwerk aus gesteuert.

Die Magnetschwebebahnen, wie zum Beispiel der Transrapid, schweben mithilfe mächtiger Magnete knapp über den Schienen. Sie können bis zu 500 km/h erreichen. In China ist die erste Transrapid-Strecke eröffnet worden.

Dampflokomotive

Die Kohle (1) aus dem Tender (2) wird im Feuerraum (3) verbrannt. Das Feuer erhitzt das Wasser im Wasserkessel zu Wasserdampf (4). Im Dampfdom (5) sammelt sich der Dampf und wird zum Schieberkasten (6) geleitet. Dort treibt der Dampf über die Pleuel (7) die Räder an. Durch die Rauchkammer (8) ziehen die Abgase ab.

Elektrolokomotiven

Der ICE ist ein Hochgeschwindigkeitszug. Zwei starke Elektrolokomotiven treiben ihn an. Aus der Oberleitung wird mit dem Stromabnehmer Fahrstrom entnommen. Transformatoren und Gleichrichter bereiten den Fahrstrom für den Antrieb auf. Ölkühler, Lüfter und Lufteinlässe im Dach verhindern, dass sich die Maschine erhitzt. Die Steuerelektronik überträgt die Befehle vom Fahrpult an die Maschine.

Diesellokomotiven

Der Dieselmotor treibt einen Generator und eine Lichtmaschine an, die Strom für die elektrischen Antriebsmotoren und für Bremsen, Beleuchtung und Steuerung erzeugen. Abgase entweichen durch den Auspuff. Im Tank ist der Dieselvorrat.

Bauernhof

Zu einem Bauernhof gehören neben dem Wohnhaus (1) auch Scheunen für Maschinen (2) und mehrere Tierställe (3). Auf den Feldern (4) werden Feldfrüchte wie Getreide, Mais, Kartoffeln und Rüben angebaut. Der Traktor (5) ist eine kräftige Zugmaschine, an die der Bauer Wagen oder Maschinen anhängen kann. Die Maschinen helfen ihm bei der Feldarbeit. Mit dem Mähdrescher (6) wird das Getreide geerntet. Das Schneidwerk ganz vorn schneidet die Halme. In der Dreschtrommel werden die Getreidekörner von den Halmen getrennt und fallen in den Korntank. Später werden die Körner auf einen Anhänger geladen. Das Stroh wird auf dem Feld abgelegt und später zu Ballen gepresst.

Tierhaltung

Die Wiesen des Bauern liefern Gras und Heu für die Tiere. In riesigen Silos (7) wird das Grünfutter gelagert. Es wird im Winter an die Kühe verfüttert. Viele Bauern halten Kühe (8), Pferde, Schafe (9), Schweine (10), Hühner (11), Enten (12) und Gänse (13). Die Tiere sollen möglichst artgerecht leben. Zum Kuhstall (14) gehört ein Melkstand, in dem die Kühe zweimal täglich gemolken werden. In einem modernen Melkstand können in einer Stunde mehr als 40 Kühe gemolken werden – von nur einer Person. Die Milch wird in der Milchkammer in großen Tanks gelagert und gekühlt, bis sie vom Milchtankwagen in das Milchwerk transportiert wird.

Im Bauerngarten (15) baut die Bäuerin frisches Gemüse, Salat und Blumen an. Viele Bauernhöfe haben einen eigenen Hofladen. Hier werden Gemüse, Eier, Blumen, Obst, Milch und Fleisch verkauft.

Bäume

Laubbäume
Laubbäume sind Holzgewächse mit einem festen Stamm, dickeren Ästen und feinen Zweigen. Die Blätter verfärben sich im Herbst und fallen zu Boden. Die Linde und die Eiche können mehr als 1000 Jahre alt werden. Ihr Alter kann man an den Jahresringen im Stamm abzählen. Die Früchte der Eiche nennt man Eicheln.
Die Buche ist in Mitteleuropa am meisten verbreitet. Die Birke erkennt man an ihrer glänzenden Rinde. Das Holz der Ulme eignet sich gut für Möbel. Die Esche hat gefiederte Blätter. Der Ahorn und die Pappel wachsen schnell. Die Früchte der Rosskastanie sind nicht essbar. Aus den Blüten der Linde stellt man Fieber senkenden Tee her.

Nadelbäume

Die Blätter der Nadelbäume haben eine nadelartige Form. Viele Nadelbäume sind immergrün, das bedeutet, dass sie im Winter ihre Blätter behalten. Die Weißtanne erkennt man an ihrer weißgrauen Rinde. Ihre Zapfen stehen aufrecht. Die Fichte ist der am weitesten verbreitete Nadelbaum Mitteleuropas. Sie kommt in hohen Bergregionen auch als Strauch vor. Ihre Zapfen hängen vom Ast. Die Zeder stammt ursprünglich aus den Gebirgen Nordafrikas und Asiens. Aus ihrem Holz lässt sich wohlriechendes Zedernöl herstellen. Die schirmförmige Pinie wächst im Mittelmeerraum. Man kann die Samen ihrer Zapfen essen. Die Kiefer gedeiht wegen ihrer weit verzweigten Wurzeln sowohl im Sandboden als auch im Gebirge. Der Mammutbaum wächst in Kalifornien. Er ist die größte Pflanze der Welt. Die Monterey-Zypresse sieht aus wie eine dichte Pyramide.

Bäume aus aller Welt

Bambus wächst sehr schnell und kann in wenigen Monaten bis zu 30 m hoch werden. Dazu braucht selbst der am schnellsten wachsende Baum mehrere Jahre. In vielen Ländern wird Bambus als Baumaterial genutzt, oft als Baugerüste für Wolkenkratzer. Der Banyan-Baum wächst in Indien. Er braucht den meisten Platz unter allen Bäumen. Er lebt auf anderen Bäumen. Von dort aus bildet er Luftwurzeln, die wie ein Vorhang zu Boden fallen. Im Botanischen Garten in Kalkutta steht ein 200 Jahre altes Exemplar, das eine Fläche von etwa 1,5 Fußballfeldern bedeckt. Mangroven wachsen an tropischen Sumpfküsten. Mit langen, verzweigten Stelzwurzeln verankern sie sich fest im schlammigen Boden. Weil das

Sumpfwasser kaum Sauerstoff enthält, haben die Wurzeln Luftröhren. Sie ragen aus dem Wasser und nehmen den Sauerstoff auf. Der Baobab oder Affenbrotbaum saugt sich in der Regenzeit voll Wasser. Der Baumstamm kann dann bis zu 8 m Durchmesser haben. Der Australische Grasbaum ist ein Verwandter der Lilie. Er ist also eigentlich eine Blume, wird aber bis zu 5 m hoch.

Der Mammutbaum kann bis zu 4000 Jahre alt werden und mit einer Höhe von 120 m so hoch wie ein Wolkenkratzer sein.

Die Zwergweide ist mit 10 cm Höhe der kleinste Baum der Welt. Sie wächst im rauen Klima der Arktis. Den Ginkgo gibt es seit 150 Millionen Jahren. Aus seinen Blättern und Samen werden Heilmittel gewonnen. Die Samen der Kokospalme sind die Kokosnüsse. Sie können bis zu einem Kilogramm wiegen. Kokosnüsse sind die schwersten Samen.

Viele Teile von Baumaschinen werden über hydraulische Kraft bewegt. Dabei erzeugt ein dicker Kolben (1) in einem mit Hydrauliköl gefüllten Zylinder (2) sehr großen Druck. Die entstehende Kraft wird auf einen dünneren Kolben (3) übertragen, der zum Beispiel mit einer Baggerschaufel verbunden ist.

Baumaschinen

Vom Aushub des Erdreichs bis zur Fertigstellung des Rohbaus benötigt man viele leistungsfähige Baumaschinen. Das sind fahrbare Geräte, die Löcher graben, das Gelände ebnen, große und schwere Lasten heben und transportieren.

Aufgaben der Baumaschinen
Mit einem Löffelbagger wird die Baugrube ausgehoben. Die Schaufel lädt die Erde auf Lastwagen. Der Kipplaster bringt das Erdreich auf einen Abladeplatz. Mithilfe der hydraulischen Kippvorrichtung hebt sich die Ladefläche nach oben. Dann rutscht die Ladung hinaus.
Um den Baugrund einzuebnen, werden Planierraupen eingesetzt. Mit ihrem Stahlschild schieben sie das Erdreich weg. Manche Teile eines Gebäudes, zum Beispiel Stahlträger oder

Betonplatten, werden an anderer Stelle vorgefertigt. Mit Lastwagen werden sie zu der Baustelle gebracht. Krane heben diese schweren Lasten an eine Stelle, wo sie von Arbeitern zusammengefügt werden. Jedes Gebäude ruht auf einem Fundament. Dieses liegt in einer Grube und ist ein Sockel aus Stahlbeton. Betonmischer bringen ständig frischen Beton auf die Baustelle. Die Spiralen im Innern der Trommel mischen den Beton durch, damit er nicht klumpt. Zum Entleeren lässt der Fahrer die Trommel in die andere Richtung drehen. Dabei fließt der Beton über den Auslauftrichter und die schwenkbare Rutsche hinaus. Beton ist ein Gemisch aus Zement, Sand, Kies und Wasser. Den Baustoff braucht man zum Gießen von Decken oder Wänden. Er wird in Formen gefüllt, die mit Stahlgittern ausgelegt sind. Wenn er getrocknet ist, ergibt er ein sehr festes Material, das man Stahlbeton nennt.

Bauwerke

Die Menschen errichten seit vielen tausend Jahren große und prächtige Bauwerke. Diese dienen als Herrschaftssitze und Grabmale für Könige und Kaiser oder der Verehrung von Gottheiten. Sie sind auch Zeichen von Macht und Reichtum.

Weltberühmte Bauwerke
Die Pyramiden von Gise waren Gräber für die Pharaonen. Auf der Akropolis über der griechischen Hauptstadt Athen steht der Parthenontempel. Im Kolosseum in Rom fanden Gladiatorenkämpfe statt.

Über 45 000 Zuschauer hatten Platz. In der ehemaligen Kirche Hagia Sophia in Istanbul wurden oströmische Kaiser gekrönt. Der Tempel von Nara in Japan besteht nur aus Holz. In Kambodscha liegt der Tempelpalast Angkor Wat. Die Kreuzfahrer

errichteten in Syrien die Burg Krak de Chevaliers. In Paris steht die gotische Kathedrale Notre-Dame. Mesa Verde sind Siedlungen der Anasazi-Indianer im Südwesten der USA. Das Castel del Monte hat einen achteckigen Grundriss. Der Palast Alhambra befindet sich in der spanischen Stadt Granada. Der Kaiserpalast in Peking umfasst über 800 Gebäude. Die Basilius-Kathedrale steht in Moskau. Tadsch Mahal ist ein indisches Grabmal. Das Brandenburger Tor ist das Wahrzeichen von Berlin. Der bayerische König Ludwig II. ließ Schloss Neuschwanstein errichten. In Barcelona steht die Kirche Sagrada Familia. Für die Pariser Weltausstellung wurde 1889 der Eiffelturm errichtet. Die Moschee in Djenné (Westafrika) ist aus Flusslehm gebaut. Das höchste Gebäude der Welt ist das Taipei Financial Center in Taiwan. Es ist 508 m hoch und wurde 2004 fertig gestellt.

Berufe

Diese Berufe gibt es schon lange: Der Bauer bearbeitet mit seinem Pflug das Feld. Heute macht er das mit modernen Maschinen. Der Schäfer sucht für seine Schafherden die besten Weideplätze. Der Jäger von heute schießt Tiere, die krank sind. Früher gingen die Menschen mit Pfeil und Bogen auf die Jagd. Der Fischer fängt bei Wind und Wetter Fische. Der Müller mahlt in seiner Mühle Getreidekörner zu Mehl. Früher fuhren die Händler mit ihrer Ware über das Land. Heute gehen die Leute in Geschäfte, um etwas zu kaufen. Der Tischler fertigt Möbel oder Fenster. Der Lehrer bringt seinen Schülern in der Schule Lesen, Schreiben und Rechnen bei. Der Schmied stellt Werkzeuge, Hufeisen oder Zäune her.

Der Bäcker backt jeden Tag frisches Brot. Der Kaminkehrer überprüft Heizungen und putzt Kamine. Der Arzt behandelt kranke Menschen. Der Maler streicht Häuserfassaden und Zimmer. Der Bauarbeiter baut Straßen oder Häuser. Der Kellner serviert Essen und Getränke.

Moderne Berufe
Durch die Weiterentwicklung der Technik sind neue Berufe entstanden.
Der Automechaniker repariert Autos. Am Zeichentisch oder am Computer plant der Architekt Häuser. Berufsmusiker können perfekt auf einem Musikinstrument spielen. Sie sind Mitglieder in Orchestern oder treten alleine auf. In einem Callcenter arbeiten Telefonisten. Sie führen Befragungen durch oder nehmen am Telefon Bestellungen entgegen. Reporter übermitteln Neuigkeiten aus Sport, Politik oder aus dem Ausland. Der Informatiker entwickelt neue Computerprogramme.

Blumen

Abgesehen von den eisigen Gebieten an Nord- und Südpol wachsen überall auf der Erde Blumen. Dies sind Pflanzen mit farbigen Blüten. Wind, Wasser oder Insekten verbreiten ihre Pollen. So vermehren sich die Pflanzen.

Einheimische Blumen
Die Sonnenblume (1) kann bis zu 4 m hoch werden. Die Tulpe (2) hat lange Blüten. Die Schlüsselblume (3) blüht von März bis Mai. Die gelbe Narzisse (4) wird auch Osterglocke genannt. Die Blüten der Stiefmütterchen (5) sind sehr farbenfroh. Der Krokus (6) gehört zu den Schwertliliengewächsen. Die Dahlie (7) gibt es in allen Blütenfarben. Der Klee (8) hat dreizählige Blätter und rote oder weiße Blüten. Der Löwenzahn (9) vermehrt sich

mit den fallschirmartigen Früchten. Die Blüten des Storchenschnabels (10) sind blau oder rot. Hirtentäschel (11) wird als Heilkraut verwendet. Die Margarite (12) wird 60 bis 80 cm groß. Das Gänseblümchen (13) blüht fast das ganze Jahr. Sumpfdotterblumen (14) wachsen an feuchten Plätzen. Kornblume (15) und Klatschmohn (16) wachsen in Getreidefeldern. Das Vergissmeinnicht (17) gedeiht im Halbschatten besonders gut.

Exotische Pflanzen
Den Feigenkaktus (18) findet man in der Halbwüste. Die Heliconia (19) ist mit der Banane verwandt. Wegen der Blütenform wird dieses Springkraut Papageienschnabelblume (20) genannt. Die Bromelie (21) wächst auf tropischen Bäumen. Die Fuchsie (22) ist ein Nachtkerzengewächs. Die Bougainvillea (23) wächst als Strauch oder kleiner Baum. Der Hibiskus (24) ist ein Malvengewächs.

Dinosaurier

Die Dinosaurier lebten vor rund 240 bis 65 Millionen Jahren. Sie gehörten zu den Reptilien. Die einzelnen Arten unterschieden sich in Größe, Aussehen und Lebensweise. Sie jagten nach lebender Beute oder ernährten sich von Pflanzen.

Fleischfresser
Carnotaurus trug auf seinem Kopf Hörner. Er wurde bis zu 7,50 m groß. Der 10 m lange Suchomimus hatte eine krokodilartige, schmale Schnauze und scharfe, lange Daumenkrallen. Allosaurus jagte in Rudeln. Er wog bis zu 2 t und wurde bis zu 4,50 m groß. Einer der Furcht erregendsten Raubsaurier war Tyrannosaurus. Er konnte bis zu 6 m groß und 15 m lang werden. Gigantosaurus zählte mit einer Höhe von 13 m zu den größten Raubsauriern.

Pflanzenfresser

Von den Pflanzen fressenden Dinosauriern lebten viele Arten in Herden wie der äußerst schnelle Ornithomimus oder der langsame Iguanodon. Der 21 m lange Alamosaurus streifte mit seiner breiten Schnauze Blätter von den Bäumen. Er gehörte zur gleichen Familie wie Amargasaurus, der zwei Reihen von Stacheln auf seiner Wirbelsäule trug. Der Entenschnabelsaurier Maiasaura kümmerte sich um seine Brut. Die großen Eier wurden von der Sonne ausgebrütet. Der 2 m lange, hohle Knochenkamm diente Parasaurolophus als Schallröhre für sein Gebrüll. Talarurus war ein Panzersaurier mit einem Keulenschwanz. Triceratops trug spitze Hörner und an seinem Hinterkopf einen Knochenschild. Sein Maul sah aus wie ein Papageienschnabel. Wuerhosaurus war ein Stegosaurier. Mit seinen dreieckigen Rückenplatten konnte er die Körpertemperatur regulieren.

Dinosaurier – Meeres- und Flugsaurier

Meeressaurier
Die Meeressaurier waren mit den an Land lebenden Dinosauriern verwandt. Der Ichthyosaurus, ein Fischsaurier, wurde über 13 m lang. Er hatte etwa 200 scharfe Zähne in seinem Maul und fing damit Ammoniten (Kopffüßer). Das waren Verwandte der Tintenfische. Sie schützten ihre weichen Körper durch eine spiralförmige Schale. Manche Ammoniten waren nur wenige Zentimeter groß, andere hatten einen Durchmesser von bis zu 2 m.

Der gepanzerte Trilobit sah der heute lebenden Assel ähnlich. Er bevorzugte küstennahe Gewässer. Am Meeresgrund lebten Seesterne. Der größte Meeressaurier war der Elasmosaurus. Er hatte im Unterschied zu den Ichthyosauriern einen

kürzeren Schwanz, einen langen Hals und einen kleinen Kopf. Um zu jagen, streckte er seinen bis zu 8 m langen Hals aus dem Wasser und suchte nach Fischen. Wenn er etwas entdeckte, ging er ruckartig mit dem Kopf nach unten und packte sein Opfer. Die Urhaie hatten einen schlanken und kräftigen Körper. Dadurch waren sie sehr schnelle und wendige Schwimmer.

Flugsaurier
Die Flugsaurier waren die ersten Wirbeltiere, die fliegen konnten. Zum Fliegen spannten sie mit dem stark verlängerten vierten Finger ihrer Hand Hautflügel auf. Der Quetzalcoatlus hatte eine Spannweite von 12 m und ist damit der größte Flugsaurier. Die Flügelspannweite des Rhamphorhynchus betrug nur 1 m. Das Pteranodon besaß keine Zähne. Sehr auffällig war der lange Kamm am Hinterkopf. Vielleicht diente er als Seitenruder beim Fliegen.

Erde

Unsere Erde besteht aus drei Hauptschichten: Kruste, Mantel und Kern. Die äußere Kruste ist eine etwa 100 km dicke, harte Gesteinsschicht. Auf ihr leben wir. Unter ihr liegt der Erdmantel aus zähflüssigem Gestein. Er reicht bis in 2900 km Tiefe.

Der Kern in der Mitte der Erde ist aus Metall. Er hat eine flüssige Außenschicht (2000 km) und einen festen inneren Kern (2700 km Durchmesser). Im Erdinnern ist es über 5000 Grad Celsius heiß.

Meere und Kontinente
Fast zwei Drittel der Erdoberfläche sind von Wasser bedeckt. Die sieben Kontinente Afrika, Australien, Süd- und Nordamerika, Asien, Europa und die Antarktis bilden die Landmasse der Erde. Sie

NTARKTIS

besteht aus Gebirgen, Wüsten, Steppen und fruchtbaren Landschaften. Nahe am Nord- und Südpol liegen die beiden kalten Zonen. Die tropische, heiße Zone erstreckt sich beiderseits des Äquators. Dazwischen befinden sich zwei milde gemäßigte Zonen. Diese Regionen haben vier Jahreszeiten.

Nicht immer sah die Erde so aus wie heute. Vor etwa 325 Millionen Jahren bildete sich auf der Erde eine einzige zusammenhängende Landmasse – der Urkontinent Pangäa.

Pangäa begann vor etwa 200 Millionen Jahren zu zerfallen. Vor etwa 135 Millionen Jahren teilte es sich in Laurasia und Gondwana. Mit der Zeit zerfielen auch diese Hälften und bildeten die heutigen Erdteile.

Erfindungen

Die ersten Erfindungen

Die Ägypter gehörten zu den Ersten, die ab 3000 vor Christus Bohrer benutzten. Mit dem Schaduf leiteten sie Wasser aus dem Nil auf ihre Felder. Außerdem besaßen sie schon Schlüssel. Der Abakus wurde in Babylonien erfunden. Damit konnte man die Grundrechenarten durchführen. Schon vor 2000 Jahren fuhren Menschen auf Schlittschuhen über das Eis. Mit der „Kralle des Archimedes" verhinderte der Grieche Archimedes 215 vor Christus die Eroberung von Syrakus. Die Schiffe der Feinde wurden von der Kralle gegen die Kaimauer geschleudert.

Der Grieche Polybios entwickelte um 180 vor Christus den Semaphor, womit man sich über weite Entfernungen ver-

Druckerpresse
Glasspiegel
Unterseeboot
Telefon
Gerät zur Schallaufzeichnung
Computer Z3
Chip
Satellitennavigationssystem GPS
DNS-Modell

ständigen konnte. 100 vor Christus stellte Vitruv einen Entfernungsmesser her. 200 Jahre später baute Heron die erste Dampfmaschine.

Neuere Erfindungen
Johannes Gutenberg entwickelte 1447 die Druckerpresse mit beweglichen Lettern. Vor 600 Jahren wurde in Venedig der Glasspiegel erfunden. 1624 baute man das erste Unterseeboot. 1876 wurde das Telefon entwickelt. 1877 gelang Thomas Alva Edison die erste Schallaufzeichnung.
Der erste programmgesteuerte Computer Z3 wurde 1941 entwickelt.

Erfindungen der Moderne
Der Chip nimmt im Computer Daten auf. Mit dem Satellitennavigationssystem GPS kann man seine Position überall bestimmen. Das Modell der DNS (Desoxyribonucleinsäure) wurde 1953 entdeckt. In ihr ist die genetische Information eines Lebewesens gespeichert.

Fahrzeuge

Die ersten Räder waren nur Holzscheiben, die mit einem Keil an der Achse des Wagens befestigt waren. Heute besteht ein Rad aus der Felge, die über Speichen mit der Nabe im Mittelpunkt verbunden ist. Im Gegensatz zu einem Schlitten berührt ein Rad immer nur an einer kleinen Stelle den Boden.
Ägyptische Kriegswagen wurden von Pferden gezogen. Die Römer konnten mit ihren Streitwagen große Strecken zurücklegen.

Neuere Fahrzeuge
Im Mittelalter reiste man in unbequemen Kutschen. Die Rokokokutsche war das Fortbewegungsmittel der Könige. Siedler durchquerten mit Planwagen den Wilden Westen. Karl Freiherr von Drais entwickelte

ein Laufrad, die Draisine. Später baute Kirkpatrick MacMillan ein Pedalfahrzeug. Der Einspänner war eine schnelle Kutsche. Das große Vorderrad des Hochrades war bis zu 1,5 m groß.

Die Dampfmaschinenkutsche wurde durch erhitztes Wasser in Bewegung gebracht. Gottlieb Daimler entwickelte die Benzinkutsche. Bald hatten die Autos eine geschlossene Kabine wie die Renault-Limousine.

Moderne Fahrzeuge

Das heutige Fahrrad hat viele Gänge. Das Dreirad ist sehr stabil. Motorroller sind Motorräder mit kleinen Rädern. Rollschuhe und Inline-Skates sind Sportgeräte. Artisten behalten auf dem Einrad das Gleichgewicht. Um Auto und Motorrad steuern zu dürfen, muss man mindestens 18 Jahre alt sein. Moderne Verkehrsmittel sind Bus, Straßenbahn oder U-Bahn. Die Züge werden mit Strom betrieben.

Farben

Das Licht der Sonne erscheint uns farblos. In Wirklichkeit setzt es sich jedoch aus verschiedenen Farben zusammen. Das sieht man bei einem Regenbogen: Fällt Licht auf einen Regentropfen, sieht man seine Einzelfarben.

Primär- und Sekundärfarben
Die Farben Blau, Gelb und Rot nennt man Primärfarben. Sie heißen Grundfarben, da sie sich nicht durch Mischen erzielen lassen. Mischt man jeweils zwei dieser Primärfarben, entstehen die Sekundärfarben Orange, Violett und Grün. Wenn man alle drei Grundfarben mischt, erhält man Schwarz.

Früher wurden Farben aus Naturmaterialien wie zermahlenen Wurzeln und Steinen hergestellt. Heute mischt man sie aus chemischen Stoffen.

Der Satellit leitet sie weiter an Satellitenantennen auf der Erde oder an Satellitenschüsseln.

Satellitenschüssel

Satellitenantenne

Kabelanschluss

Die Satellitenantenne sendet elektrische Signale zum Nachrichtensatelliten.

Fernsehen

Neben Zeitung und Radio informiert uns das Fernsehen über Ereignisse auf der ganzen Erde. Bei Live-Übertragungen sehen wir im Fernsehen, was gleichzeitig viele tausende von Kilometern weit entfernt geschieht – als ob wir selbst dabei wären.

Alles live!

Satellitenantenne

Übertragungswagen

Kamera

Kabel

Bilder und Töne werden in elektrische Signale umgewandelt. Die Antenne auf dem Übertragungswagen sendet sie zum Satelliten. Eine Antenne auf der Erde empfängt die Signale und leitet sie über die Satellitenschüssel oder ein Erdkabel zum Fernseher. Er verwandelt sie in Bild und Ton.

Feuerwehr

Die Feuerwehr ist über die Telefonnummer 112 erreichbar. Sie darf nur im Notfall angerufen werden. Dabei sollte man folgende Fragen beantworten: **W**er ruft an? **W**o ist die Einsatzstelle? **W**as ist passiert? Sind Menschen in Gefahr?

Ein Feuerwehreinsatz
Nach einem Notruf wird in der Feuerwehrleitstelle Alarm ausgelöst und der schnellste Weg zum Einsatzort berechnet. Kurze Zeit später sind Einsatzfahrzeuge unterwegs, um den Brand zu löschen. Vom Einsatzleitwagen aus werden die Einsätze geleitet. Im Löschwagen sind neben den Feuerwehrleuten auch Werkzeuge, Schläuche und Rohre zu finden. Die Feuerwehrleute sind in drei Gruppen eingeteilt: Stoßtrupp, Wassertrupp und Schlauch-

Sicherheitsleuchte und Leitkegel warnen die Verkehrsteilnehmer vor einer Unfallstelle.

trupp. Der Stoßtrupp rettet Menschen und Tiere mit dem Drehleiterfahrzeug. Personen aus niedrigen Stockwerken springen in den Sprungretter.
Der Stoßtrupp bekämpft als Erster das Feuer. Der Wassertrupp stellt die Wasserversorgung zwischen dem Hydranten, dem Fahrzeug und dem Verteiler her. Hydranten sind Wasseranschlüsse. Der Schlauchtrupp verlegt die Wasserleitungen für den Stoß- und Wassertrupp und wird dann zum Stoßtrupp.

Vielfältige Aufgaben
Wenn Schiffe brennen, sind Löschboote im Einsatz. In Flughäfen gibt es die größten und schnellsten Einsatzfahrzeuge der Feuerwehr.
Die Feuerwehr löscht aber nicht nur Brände. Sie hilft auch bei Unfällen, Wasserrohrbrüchen, Sturmschäden und Überschwemmungen. Die Feuerwehr birgt Unfallopfer, die sich in Autos verklemmt haben, und beseitigt Ölspuren und Giftmüll.

Flughafen

Der Tower ist die Steuer- und Sicherheitszentrale. Fluglotsen regeln über Sprechfunk, in welcher Reihenfolge die Flugzeuge starten oder landen dürfen. Auf großen Flughäfen erfolgt pro Minute mindestens ein Start oder eine Landung.

In der Abfertigungshalle für Passagierflüge geben die Passagiere ihr Gepäck auf. Auf dem Feld vor den Abfertigungshallen werden die Flugzeuge für den Flug vorbereitet. Sie werden von Tankwagen mit Treibstoff betankt. Spezielle

Fahrzeuge bringen Getränke und Speisen und das Gepäck der Passagiere. Durch die Ladeluke wird die Fracht im Transportraum verstaut. Die Frischwassertanks werden aufgefüllt. Mechaniker überprüfen das gesamte Fahrwerk. Mit

Tower
Abfertigungshalle
Feld
Flugzeugschlepper

dem Flugzeugschlepper wird das Flugzeug zur Startbahn gezogen.
Im Cockpit sitzen Pilot und Kopilot. Sie steuern die Maschine.
Kleinere Flugzeuge besteigt man über eine Gangway, das sind fahrbare Treppen. In einen großen Jumbo führt eine überdachte Brücke hinein. Die Passagiere nehmen in der Passagierkabine Platz. Während des Flugs erhalten sie vom Bordpersonal Getränke und Mahlzeiten. Bei langen Flügen stehen den Passagieren Decken und Kissen zur Verfügung. An Bord gibt es auch eine Küche und Toiletten.

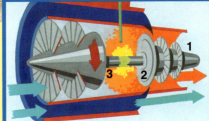

Düsenflugzeuge fliegen mit Strahltriebwerken. Aus der Schubdüse (1) tritt ein Strahl heißer Luft mit hoher Geschwindigkeit aus. Die heiße Luft treibt dabei die Turbinenblätter (2) und damit die Triebwerksachse (3) an. Das schiebt das Flugzeug nach vorne.

Flugzeuge und Hubschrauber

Erst seit Beginn des 20. Jahrhunderts gibt es Flugzeuge, die sich stabil in der Luft halten. 1903 bauten die Brüder Wright das erste brauchbare Flugzeug mit Motorantrieb. Die Fokker VIIA-3M von 1925 war eines der ersten Passagierflugzeuge.

In den 1930er-Jahren gab es auch schon Wasserflugzeuge. Die Boeing 314 Clipper war das größte Passagierflugboot dieser Zeit. Die Boeing 247 D von 1933 war das erste stromlinienförmige Flugzeug mit einziehbarem Fahrwerk. Mit Kolbenmotoren wurde das Passagierflugzeug Lockheed Constellation angetrieben.

Schnelle Flugzeuge
1969 machte die Concorde ihren Jungfernflug. Sie war das erste Passagierflugzeug, das

mit Überschallgeschwindigkeit flog. Nachdem im Jahr 2000 eine Concorde abgestürzt war, durften bald keine dieser Flugzeuge mehr fliegen. Der erste Überschallflug erfolgte mit dem Experimentalflugzeug Bell X-1. Die Supermarine Spitfire war ein Jagdflugzeug im 2. Weltkrieg. Durch seine Form lenkt der F-117 A Stealth-Fighter Nighthawk Radarstrahlen ab. Das Aufklärungsflugzeug Lockheed SR-71 Blackbird fliegt in 24 000 m Höhe. Wie ein Hubschrauber starten und landen kann der Senkrechtstarter McDonnell-Douglas-AV-8B. Das Jagdflugzeug Tornado hat verstellbare Flügel.

Besondere Flugzeuge

Das Transportflugzeug Lockheed C-130 Hercules befördert große Lasten. Der Rettungshubschrauber Bell-Jetranger kann vorwärts, rückwärts und seitwärts fliegen. Die modernen Kipprotor-Flugzeuge starten und landen wie Hubschrauber und fliegen wie Flugzeuge.

Fluss und Bach

Fluss und Bach sind die Heimat vieler Tier- und Pflanzenarten. An ihren Uferbereichen wachsen verschiedene Sumpf- und Wasserpflanzen. Dort finden Insekten, Schnecken, nistende Vögel und kleine Säuger Schutz.

Pflanzen …
An Flussufern und auf den feuchten Niederungen stehen die Schwarzerle (1), die Silberweide (2) und das Pfaffenhütchen (3). Sie bilden den so genannten Auwald. Am Uferrand gedeiht die Brunnenkresse (4). Der Flutende Hahnenfuß (5) wächst auf dem Bachgrund – ebenso wie das Quellmoos (6). Allerdings treiben seine Blüten auf der Wasseroberfläche, während das Quellmoos unter Wasser lebt.

... und Tiere

Eine Perle findet sich nur in wenigen Flussperlmuscheln (7). Nachts geht der Flusskrebs (8) auf Jagd. Viele Fische ernähren sich von Bachflohkrebsen (9) oder Köcherfliegenlarven (10). Aale (11) halten sich mehr als zehn Jahre in Flüssen und Bächen auf, bevor sie zum Laichen zurück ins Meer schwimmen. Der Lachs (12) hingegen schwimmt nach seiner Geburt ins Meer und kehrt zum Laichen in den Fluss zurück. Die Bachforelle (13), die Groppe (14) und die Schmerle (15) bleiben an ihrem Standort. Die Wasserspitzmaus (16) kann gut schwimmen. Das Weibchen des Feuersalamanders (17) setzt seine Larven ins flache Wasser ab. Fischotter (18) jagen immer in der Gruppe. Während die Jungen die Fische zusammentreiben, fängt die Mutter sie. In Bachnähe leben auch die Nachtigall (19), der Pirol (20), der Flussuferläufer (21) und die Wasseramsel (22).

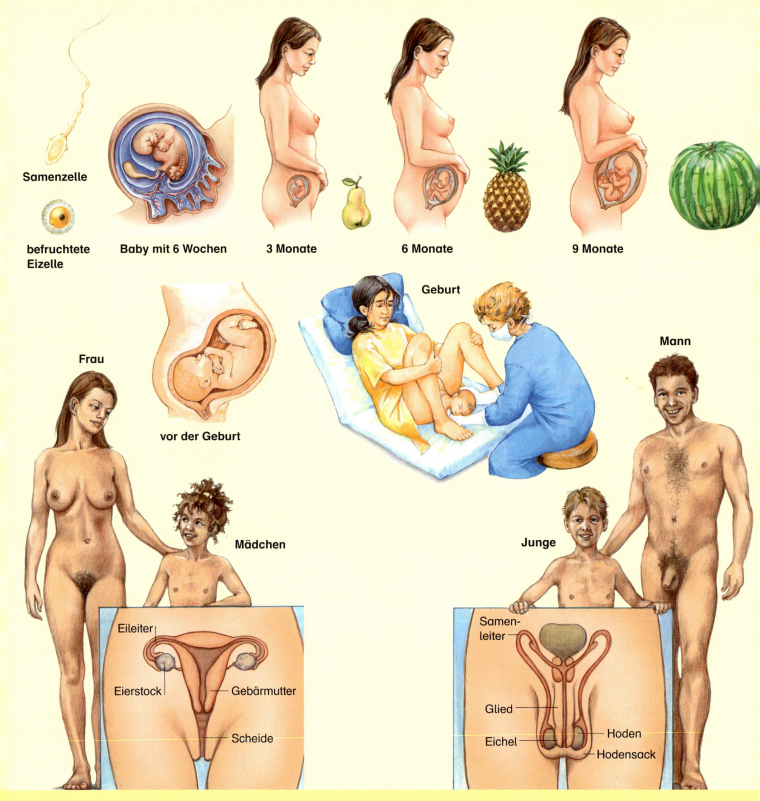

Fortpflanzung

Wenn eine Eizelle und eine Samenzelle miteinander verschmelzen, entsteht ein Kind. Zellen sind winzig kleine Bausteine, aus denen der Körper besteht. Ab der Pubertät (zwischen 10 und 14 Jahren) entwickelt sich in den Eierstöcken von Frauen etwa alle vier Wochen eine reife Eizelle. In den Hoden der Männer bilden sich Samenzellen. Wenn ein Mann und eine Frau miteinander schlafen, werden beim Samenerguss des Mannes viele Millionen Samenzellen in die Scheide der Frau geschleudert. Sie gelangen in die Gebärmutter und zum Eileiter der Frau. Trifft eine Samenzelle auf eine reife Eizelle, verschmelzen sie. In den nächsten neun Monaten wächst aus der befruchteten Eizelle ein Baby heran.

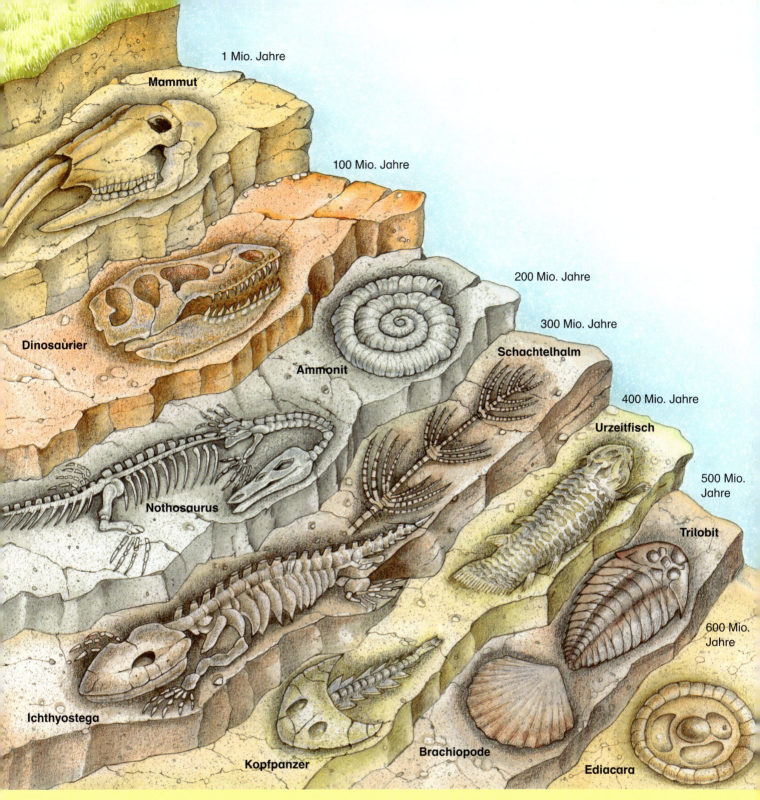

Fossilien

Fossilien sind die versteinerten Überreste von Tieren und Pflanzen, die sich über Jahrmillionen erhalten haben. Fossilien liegen in Gesteinsschichten übereinander. Man kann an ihnen ablesen, zu welcher Zeit es die Pflanzen und Tiere gab.

So entstehen Fossilien
1 Ein Lebewesen stirbt und wird von Sand oder Schlamm bedeckt.
2 Während die Weichteile verwesen, bleibt das Skelett erhalten.
3 Gesteinsschichten türmen sich im Laufe von Jahrmillionen über dem Skelett auf.
4 Wind und Wetter tragen die Gesteinsschichten ab. Die Fossilien werden sichtbar.

57

Gemüse

Gemüse ist wie Obst ein sehr gesundes Nahrungsmittel. Es enthält viele wichtige Bestandteile wie Vitamine und Salze. Am besten verzehrt man daher das frische Gemüse. Darin sind die meisten Nährstoffe enthalten. Gemüse sollte auch nur kurz gekocht werden. Manche Gemüsesorten kann man auch roh essen, wie Möhren, Gurken oder Tomaten. Gemüse wird haltbar, indem man es einfriert oder in Dosen und Gläsern vorgekocht aufbewahrt. Man kann Gemüse im eigenen Garten anpflanzen. Die meisten Sorten müssen jedes Jahr neu gesät werden.

Die einzelnen Gemüsesorten
Zu den Zwiebelgewächsen zählen Lauch, Zwiebel, Knoblauch und Sellerie.

Die Artischocke gehört zu den Disteln. Man verspeist ihre Blüte.
Radieschen, Rote Bete und der Rettich zählen zu den Rettichgewächsen. Die Möhre ist ein Wurzelgemüse, mit dem man gerne Suppen kocht. Mangold und Spinat sind Spinatgewächse.

Den zarten Spargel gibt es nur im Frühling. Dieses Gemüse ist sehr teuer. Zu den Salatgewächsen zählen der leicht bitter schmeckende Chicoree, Kopfsalat und Feldsalat.
Grüne Bohnen, Erbsen und Weiße Bohnen gehören zu den Hülsenfrüchten. Die Aubergine wird auch Eierfrucht genannt.

Sie stammt vermutlich wie die Gurke aus Indien. Der Fenchel ist ein Doldengewächs. Tomate, Kartoffel und Paprika sind miteinander verwandt. Die Zucchini ist ein Kürbisgewächs. Zu den Kohlgemüsen gehören Blumenkohl, Rotkohl, Kohlrabi, Weißkohl, Rosenkohl, Brokkoli und Wirsing.

Getreide

Getreide gehört zu der Familie der Gräser. Aus den Blüten, die am oberen Ende der langen Stängel sitzen, entwickeln sich Samen. In jedem Samen steckt ein Korn mit vielen Nährstoffen. Die Fruchtstände des Getreides nennt man Ähren.

Es gibt zwei Sorten Weizen: Hartweizen wird als Grundlage für Nudeln verwendet. Aus Weichweizen wird helles Mehl hergestellt, aus Roggen dunkles Mehl. Aus Gerstenkörnern wird Malz gewonnen, das eine Grundlage für Bier ist. Haferflocken werden aus Haferkörnern hergestellt. Aus den Körnern der Hirse wird meist Brei gemacht. Mehr als die Hälfte der Menschheit ernährt sich von Reis. Dieses Sumpfgras wurde ursprünglich in Asien, Afrika und Australien angebaut.

Gewürze

Gewürze verbessern den Geschmack von Speisen und machen sie besser verdaulich. Gewürze sind wilde oder gezüchtete Pflanzen, die in ihren Wurzeln, Stängeln, Blüten, Blättern oder Samen besondere Stoffe enthalten. Viele Gewürze kann man im Blumentopf ziehen, zum Beispiel Schnittlauch oder Basilikum.

Gewürze aus aller Welt
Andere Gewürze wie zum Beispiel Gewürznelken, Pfeffer, Zimt, Muskatnuss oder Safran kommen von weit her. Sie wurden früher auf langen Karawanenwegen nach Europa gebracht. Das teuerste aller Gewürze ist Safran. Zum Verfeinern der Speisen werden die feinen Blütennarben der Safranblüte verwendet.

Griechen

Viele große Denker und Philosophen stammten aus Griechenland. Die von den Griechen errichteten Gebäude sind weltberühmt. Die Regierungsform der Demokratie (Volksherrschaft) geht auf das antike Griechenland zurück.

Stadtstaaten

Griechenland bestand damals aus einem losen Bund von Stadtstaaten. Das waren unabhängige Städte, die sich selbst regierten. Athen war das Zentrum des politischen und gesellschaftlichen Lebens. Es führte oft Krieg mit dem mächtigen Stadtstaat Sparta. In Sparta drehte sich ein großer Teil des Lebens um die Kriegsführung. Ein fast lebenslanger Dienst als Soldat bestimmte das Leben der männlichen Spartaner.

Die vielen Kriege unter den griechischen Stadtstaaten führten dazu, dass sie um 300 v. Chr. von dem makedonischen König Phillip II. unterworfen wurden. Sein Sohn Alexander der Große brachte durch seine Eroberungszüge die griechische Kultur bis nach Asien und Ägypten.

Olympische Spiele
Die Griechen errichteten große Sportstadien. Dort veranstalteten sie Wettkämpfe mit Sportarten wie Wettlauf, Ringen, Speerwerfen, Dreisprung und Diskuswerfen. Die Athleten waren meist nackt. Die Sieger erhielten als Preis einen Lorbeerkranz.

In Olympia wurden alle vier Jahre die Olympischen Spiele ausgetragen. Zu Ehren des Göttervaters Zeus trafen sich selbst miteinander verfeindete Völker. Sie mussten während der Wettspiele Frieden bewahren. Dieser friedliche Gedanke trägt auch heute noch die Olympischen Spiele.

Hafen

Bis vor ungefähr 150 Jahren befuhren nur Segelschiffe die Weltmeere. Sie dienten vor allem als Handelsschiffe und brachten auf langen Reisen Waren von Kontinent zu Kontinent. Nur wenn Wind wehte, kamen die Segelschiffe voran.

Heute fahren Schiffe mit einem Dieselmotor. Damit sind sie viel schneller unterwegs.

Im Hafen

Wenn Schiffe vor Anker gehen, laufen sie meistens einen Hafen an. Das sind Orte, die durch ihre günstige Lage oder durch eine Befestigung den Schiffen Schutz bieten. Die Schutzmauern, an denen die Schiffe anlegen, nennt man Kai. Dort werden mit Kranen Containerfrachter be- und entladen. Lastwagen holen die Waren ab.

Neben den Containerschiffen gibt es große Passagierschiffe oder Fähren. Die Autos fahren durch die Heckklappe auf das Autodeck und am Zielhafen durch die Bugklappe wieder hinaus. Mit dem Fischlogger werden mit einem großen Netz Fische gefangen. An Bord wird der Fang in Kühlräumen gekühlt. Das Segelboot hat einen Motor, damit man auch bei Windstille vorwärts kommt. Der Kiel verhindert, dass das Boot kippt oder vom Wind abgetrieben wird. Zusätzlich ist es mit Schlafplätzen und einer Küche ausgestattet. Mit dem kleinen Fischerboot kann man vor der Küste fischen.

Mit dem Radargerät können der Kapitän oder der Steuermann auch bei Dunkelheit und Nebel den richtigen Weg finden.

Haie

Haie gehören zu den ältesten Lebewesen auf der Erde. Es gibt sie seit etwa 100 Millionen Jahren, ohne dass sie sich sehr verändert haben. Mehr als 350 Arten leben in allen Weltmeeren. Ihre dreieckige Flosse ragt oft aus dem Wasser.

Merkmale der Haie
Haie sind perfekt an ihre Umgebung angepasst. Die Körperform ermöglicht es ihnen, schnell zu schwimmen. Das gewaltige Maul mit den messerscharfen Zähnen und der ausgezeichnete Geruchssinn machen sie zu gefürchteten Räubern. Haie gehören wie Rochen und Mantas zu den Knorpelfischen. Ihr Skelett besteht aus Knorpeln und nicht aus Knochen. Da Haie keine Schwimmblase besitzen, müssen sie ständig in Bewegung

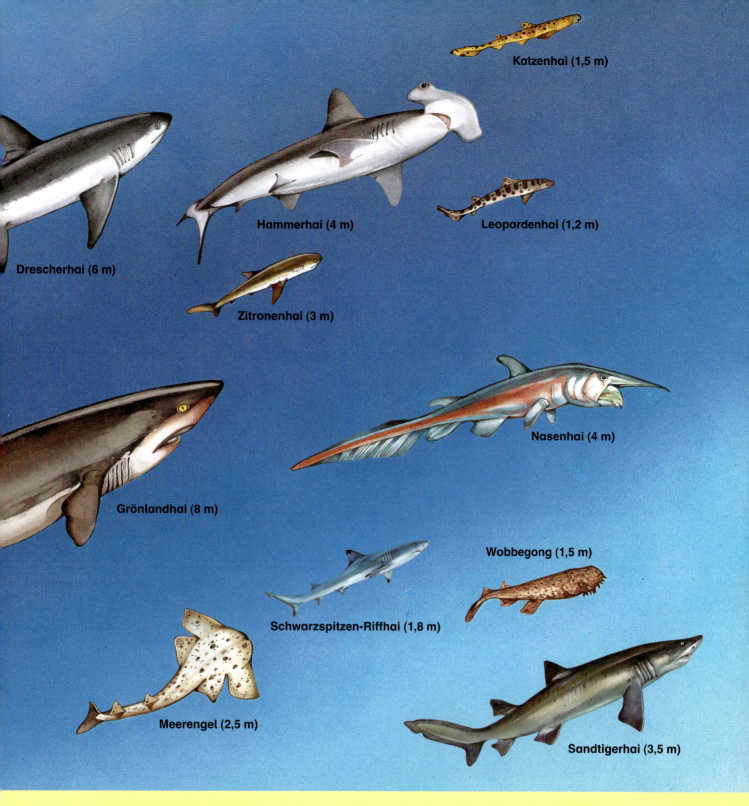

bleiben. So legen sie oft mehrere 100 km am Tag zurück. Fische haben aber eine Schwimmblase. Deshalb sinken sie nicht auf den Boden.

Einige Hai-Arten
Neben den Blauhaien, zu denen der Schwarzspitzen-Riffhai und der Tigerhai gehören, gibt es noch viele andere Hai-Arten, die für den Menschen nicht gefährlich sind. Einige erbeuten kleinere Fische und Schalentiere. Andere, wie der 15 m lange Walhai, filtern mit ihrem bis zu 2 m großen Maul nur Kleinstlebewesen aus dem Wasser. Walhaie sind die größten Fische. Die meisten Arten der Ammenhaie leben auf dem Boden der Meere. Ihr Kopf ist abgeplattet und ihr Körper plump. Zu dieser Art gehört zum Beispiel der Leopardenhai. Die kleinsten Arten zählen zur Familie der Katzenhaie. Zu den Unechten Dornhaien gehört der Grönlandhai. Er lebt in den kalten Meeresgebieten.

67

Iglu
Tipi
Pfahlhaus
Höhlenwohnung
Dschunke
Papierhäuser

Häuser in aller Welt

Die ersten Menschen fanden in Höhlen Schutz vor wilden Tieren, Wind und Wetter. Als die Menschen sesshaft wurden, errichteten sie einfache Holzhütten. Aus diesen entwickelten sich unsere Wohnhäuser.

Häuser in aller Welt
In jedem Land der Welt sehen die Häuser etwas anders aus. Das liegt zum einen an den unterschiedlichen Baumaterialien. Zum anderen hängt dies aber auch vom Klima und der Lebensweise ihrer Bewohner ab. In den Eiswüsten der Arktis bauen die Inuit kreisrunde Iglus aus Eisblöcken. Die Indianer in den Prärien Nordamerikas lebten in Zelten aus Büffelhaut, so genannten Tipis. Diese waren schnell auf- und abzubauen. Die Pfahlhäuser in der Südsee

schützen die Bewohner vor Ungeziefer. Sie haben Wände aus geflochtenen Palmwedeln und Palmfaserdächer. Die Höhlenwohnungen in Kappadokien (Türkei) halten Kälte und Hitze fern. In Hongkong gibt es kaum Bauplätze. Deshalb leben viele Menschen auf Hausbooten, den Dschunken. In Japan gibt es Häuser mit Wänden aus Papier. Diese leichten Häuser verhindern, dass ihre Bewohner bei Erdbeben darunter begraben werden. Zirkusartisten leben in Wohnwagen. In dem Holzhaus in den Südstaaten der USA lebt es sich bei feuchtheißem Klima sehr angenehm. Der Bauernhof ist aus gebrannten Ziegeln gebaut. Hochhäuser bestehen aus Glas, Stahl und Beton. Sie bieten vielen Menschen auf wenig Raum Platz. In Indonesien werden zum Schutz vor Sturm und Regen Häuser mit steilen Dächern gebaut. Das schwedische Holzhaus eignet sich für kühle Gebiete, denn Holz schützt vor Kälte.

Haustiere

Erst als die Menschen vor etwa 10 000 Jahren sesshaft wurden, begannen sie Wildtiere zu zähmen und zu züchten. So entwickelten sich unsere Haus- und Nutztiere. Wer ein Haustier hat, muss ihm auch ein artgerechtes Leben bieten.

Hund und Katze
Der Hund ist das wohl älteste Haustier. Er lebte schon vor über 10 000 Jahren bei den Menschen. Mit etwa zwölf Wochen hat sich ein Welpe am besten in eine Familie eingewöhnt. Dann lernt er stubenrein zu werden und zu gehorchen. Hunde brauchen viel Auslauf und lieben es, zu spielen. Eine Katze fühlt sich fast überall wohl. Allerdings ist eine Katze, die auch einmal ins Freie kann, viel zufriedener als ein Tier, das immer in der Wohnung

bleiben muss. Außerdem lieben sie es, wenn man ausgiebig mit ihnen spielt.

Alle Tiere brauchen Pflege
Die Maus, die Ratte, das Meerschweinchen, das Kaninchen und der Goldhamster sind Nagetiere. Sie werden in Käfigen gehalten, in denen eine Tränke und ein Futternapf stehen müssen.
Vögel wie der Wellensittich und der Nymphensittich sind Schwarmvögel. Man sollte sie nicht einzeln halten. Ansonsten muss man sich viel Zeit für sie nehmen. Auch der Papagei braucht viel Zuwendung und Pflege.

Eine Wasserschildkröte hält man in einem beheizten Terrarium. Sie braucht Wasser zum Baden und Sandplätze mit künstlichem Licht zum Sonnen. Nur Fische, die dieselbe Wassertemperatur mögen, sollten sich ein Aquarium teilen. Natürlich müssen sie auch genügend Raum zum Leben haben.

Hochgebirge

Die Erdoberfläche besteht aus den Kontinentalplatten. Sie tragen die Erdteile und die Ozeane. Die Platten verschieben sich: Sie schwimmen auf dem flüssig heißen Gestein des Erdinneren. Schieben sich zwei dieser Platten übereinander, falten sich an ihren Rändern Gebirge auf. So entstanden vor mehr als 50 Millionen Jahren der Himalaja in Asien, die Alpen in Europa und die Anden in Südamerika. Der Mount Everest im Himalaja ist mit 8848 m der höchste Berg der Erde.

Tiere und Pflanzen
In den verschiedenen Lagen eines Gebirges leben unterschiedliche Tiere und Pflanzen. Je höher man die Berge hinaufsteigt, desto karger wird die Landschaft. Es ist kalt und das Nahrungsangebot ist mager.

Höhlen

In verschiedenen Tiefen der Erde verlaufen Höhlengänge. Immer wieder entdecken Höhlenforscher weitere Höhlen. Mit ihren hellen Lampen erforschen sie dann das Innere der Höhle. Manchmal müssen sie sich mit einem Seil sichern.

Höhlen bilden sich im Laufe von vielen Millionen Jahren. Es beginnt damit, dass Regenwasser durch den Erdboden sickert und den Kalkstein auslaugt. Das säurehaltige Wasser zerfrisst den Felsen. Zurück bleiben feine Risse, die sich im Laufe der Zeit verbreitern und zu unterirdischen Gängen und Schächten werden.

Tropfsteine
Tropfsteine entstehen durch Regenwasser, das durch die Decke tropft. Die Wassertropfen

Höhlenforscher

In manchen Höhlen hat man Höhlenmalereien gefunden. Sie wurden von Menschen der Vorgeschichte vor über 20 000 Jahren gemalt.

lösen ein weißes Mineral, das Kalzit. Wenn das Wasser verdunstet, lagert sich Kalzit ab. Diese Kalkausscheidungen bilden Tropfsteine. Stalaktiten (1) hängen von der Decke. Stalagmiten (2) wachsen vom Boden nach oben. Allmählich wachsen sie zusammen und werden zu Säulen (3).

Außerdem bilden sich Orgelpfeifen (4) oder Vorhänge (5), die wie ein aufgehängtes Fensterleder aussehen. Fließt Wasser über einen Abhang, können so genannte Sinterbecken (6) entstehen. Wenn sich Kalk um ein Sandkorn lagert, bilden sich in den Sinterbecken Höhlenperlen (7).

Tiere in Höhlen

Einige Tiere haben sich an das Leben in der Dunkelheit und Feuchtigkeit angepasst. Fledermäuse suchen dort Schutz. In den Gewässern leben Schwanzlurche, Höhlenfische und Krabben. Sie sind oft blind und orientieren sich nur mithilfe ihres Tast- und Geruchssinns.

Hunde

Zu den ältesten Haustieren gehören die Hunde. Sie stammen vom Wolf ab. Durch Züchtungen entstanden im Laufe der Zeit mehr als 300 Hunderassen. Der Deutsche Schäferhund gehört wie der Schnauzer und der Boxer zu den Diensthunden. Sie werden als Blinden- oder Polizeihunde eingesetzt. Der Pudel ist sehr gelehrig, lebhaft und wachsam. Den Dackel richtete man für die Jagd in Dachs- und Fuchsbauten ab. Auch der Jack-Russel-Terrier ist ein Jagdhund. Zu den Hüte- und Hirtenhunden gehören der Sennenhund und der Collie. Der Bernhardiner ist ein sehr großer, gutmütiger Hund. Der Afghane ist ein Windhund. Er kann sehr schnell laufen. Der Chihuahua wird nur so groß wie ein Meerschweinchen.

Inka

Die Inka waren ein mächtiger Indianerstamm in Südamerika. Ihr Reich erstreckte sich über 3000 km entlang des Pazifiks. Es umfasste große Teile der heutigen Staaten Ecuador, Peru, Bolivien und Chile. Zwischen dem 12. und 15. Jahrhundert lebten dort mehr als 10 Millionen Menschen. Die Inka verfügten über ein weit verzweigtes Netz von gepflasterten Straßen. Sie konnten innerhalb kürzester Zeit Botschaften von einem Ende zum anderen des Reiches übermitteln.

Neben der Hauptstadt Cuzco war das abgebildete Machu Picchu eine ihrer mächtigsten Städte. Sie lag in 2280 m Höhe. Der oberste Häuptling war der Inka. Er wurde als Gott verehrt und hatte alle Macht über seine Untertanen.

Indianer

Indianer sind die Ureinwohner Amerikas. Wahrscheinlich sind sie vor mehr als 20 000 Jahren aus Asien eingewandert. Damals trennte die beiden Kontinente noch kein Meer. Sie waren Jäger und Sammler. Ihre Reittiere waren wilde Mustangs.

Indianerstämme
Im Laufe der Zeit entwickelten sich verschiedene Stämme und Kulturen. Die Navajos im Südwesten der USA waren Viehzüchter, während die Puebloindianer hauptsächlich Mais, Bohnen und Baumwolle anbauten. Die Puebloindianer wohnten in Lehmstädten, die sie in steile Felshänge bauten. Die Irokesen lebten in riesigen Langhäusern in Nordamerika. An der Westküste ernährten sich die Kwakiutl vom Fischfang und der Jagd.

Pfeil und Bogen

Die Cheyenne, Komantschen und Sioux lebten von der Jagd. Sie jagten mit ihren Wildpferden Büffel, die es damals noch zu Millionen gab. Pfeil und Bogen sowie Wurfspeere waren ihre Waffen. Die Büffel stellten ihre Lebensgrundlage dar. Aus dem Leder fertigten sie kegelförmige Stangenzelte, die Tipis, aber auch Decken, Kleidung und Mokassins. Aus Knochen und Hörnern wurden verschiedene Werkzeuge hergestellt.
Im 19. Jahrhundert gelangten immer mehr Europäer nach Amerika. Es kam zu vielen erbitterten Kämpfen. Sie vertrieben die Indianer und töteten die Büffelherden. Damit war die Lebensgrundlage der Indianer zerstört. Heute gibt es noch etwa 2 Millionen Indianer aus 544 Stämmen in Nordamerika. Sie leben alle in Reservationen, die sie selbst verwalten. Reservationen sind kleine, verstreute Gebiete, die ihnen von der amerikanischen Regierung zugewiesen worden sind.

Insekten

Bis heute sind mehr als 750 Millionen Insektenarten bekannt. Auffällig sind ihre beiden großen Netzaugen, die aus vielen winzigen Einzelaugen zusammengesetzt sind. Obwohl alle Insekten zwei Fühler, sechs Beine und meist vier Flügel haben, unterscheiden sie sich in Größe und Form sehr. Der Hirschkäfer wird bis zu 8 cm lang, während man einen Floh kaum mit dem Auge wahrnimmt. Zu den bekanntesten Insekten gehören die Ameisen, Bienen, Käfer und Schmetterlinge.

Nützliche Insekten …
Die meisten Insektenarten sind sehr nutzbringend. Sie bestäuben Blüten oder dienen anderen Tieren als Nahrung. Bienenhonig ist eines der am längsten bekannten Nahrungsmittel des Menschen.

… und Schädlinge

Es gibt aber auch Insektenarten, die Schaden anrichten können. Einige Fliegenarten übertragen ansteckende Krankheiten. Flöhe sind Parasiten, die sich von Tieren ernähren und auch Menschen befallen. Die Raupen des Kohlweißlings können ganze Ernten vernichten.

Schmetterlinge machen eine vollkommene Verwandlung durch. Diesen Vorgang nennt man Metamorphose. Aus den Eiern schlüpfen Larven. Sie fressen sich dick und fett und verpuppen sich schließlich. In dieser Ruhephase fressen sie nichts. Nach einer Weile schlüpft aus der Puppenhülle der fertige Schmetterling.

Frühling: Die Nordhalbkugel wendet sich langsam der Sonne zu.

Der Baum bekommt zarte Blätter.

Die Zugvögel kehren zurück.

Die Blumen beginnen zu wachsen.

Der Hamster sucht sich einen Partner.

Auf der Nordhalbkugel beginnt am 21. März der Frühling. Tag und Nacht sind je 12 Stunden lang.

Sommer: Die Nordhalbkugel ist der Sonne voll zugewandt.

Der Baum ist voll belaubt.

Die Blumen blühen.

Der Hamster hat Nachwuchs.

Der Sommer fängt am 21. Juni an. Es herrscht der längste Tag und die kürzeste Nacht des Jahres.

Jahreszeiten

Innerhalb von 365 Tagen umrundet die Erde einmal die Sonne.

Sommer – Winter
Weil die Erdachse in einem schrägen Winkel zur Erdumlaufbahn steht, werden die Länder nördlich und südlich des Äquators unterschiedlich lang von der Sonne beschienen. Ein halbes Jahr lang ist die nördliche Halbkugel mehr der Sonne zugewandt. Die Sonnenstrahlen fallen dann steiler ein und bringen mehr Wärme.

Die Tage sind länger. Es ist Sommer. Wenn auf der Nordhalbkugel Sommer ist, herrscht auf der Südhalbkugel Winter und umgekehrt.
An den Polen ist immer ein halbes Jahr lang Sommer und ein halbes Jahr lang Winter.

Am 22./23. September ist Herbstanfang. Tag und Nacht sind gleich lang.

Wenn am 21. Dezember der Winter beginnt, ist es der kürzeste Tag und die längste Nacht des Jahres.

Die Polgebiete sind immer entweder ganz der Sonne zugeneigt oder von ihr entfernt. Das bedeutet, dass die Sonne im Sommer selbst nachts nie untergeht, dafür aber im Winter nie scheint. In den Gebieten um den Äquator ist es immer heiß und sonnig, da sie fast senkrecht zur Sonne stehen.

Die Jahreszeiten
Bei uns gibt es die vier Jahreszeiten.
Frühling: Die Tage werden länger, Luft und Boden erwärmen sich. Das Wachstum der Pflanzen setzt ein.
Sommer: Jetzt sind die Tage lang und warm. Blumen blühen und Früchte wachsen heran.

Herbst: Im Herbst werden die Tage wieder kürzer, die Kraft der Sonne lässt nach. Nüsse und Früchte reifen. Die Blätter der Bäume verfärben sich und fallen ab.
Winter: Die Tage werden immer kürzer und kälter. Der Boden ist gefroren. In dieser Zeit wächst nichts.

Katzen

Katzen sind eigenwillige und verspielte Tiere, die vorzüglich sehen, hören und riechen können. Außerdem sind sie ausgezeichnete Jäger und eng mit Löwen und Tigern verwandt. Katzen jagen gerne während der Dämmerung.

Bereits vor 5000 Jahren hielten sich die Ägypter Katzen. Sie sollten ihre Lebensmittel vor Ratten und Mäusen schützen. Alle heutigen Hauskatzen stammen von der Falbkatze, einer ägyptisch-palästinensischen Wildkatze, ab.

Bekannte Katzenrassen
Zu den Kurzhaarrassen gehören die dreifarbige Hauskatze, die Siamkatze, die Wildfarbene Tigerkatze, die Burmakatze und die Russisch-Blau-Katze. Die Türkische Angorakatze entstammt einer Langhaarrasse.

Krokodile und Echsen

Krokodile und Echsen gehören ebenso wie die Schlangen zu den Reptilien, das ist ein anderer Ausdruck für Kriechtiere. Sie leben im Meer, in Seen und Flüssen und auf dem Land. Ihre Vorfahren waren Dinosaurier, Flugsaurier und Fischechsen, die vor 65 Millionen Jahren ausgestorben sind. Alle Reptilien gehören zu den Kaltblütern. Das bedeutet, dass ihre Körpertemperatur von der Wärmezufuhr aus der Umgebung abhängig ist. Aus diesem Grund findet man sie eher in warmen als in kalten Ländern. Reptilien haben eine feste Haut aus Hornschuppen, Schildkröten besitzen sogar einen Panzer. Der Wasserverlust aus ihrem Körper ist sehr gering. Dadurch können sie auch in trockenem Klima überleben.

Rind

Kühe und Rinder

Das Rind ist eines der wichtigsten Haus- und Nutztiere der Erde. Es stammt vom Auerochsen ab, der seit dem 17. Jahrhundert ausgestorben ist.
Es gibt viele bekannte Rinderrassen wie Schwarzbunte, Rotbunte, Fleckvieh oder Braunvieh. Beim Schwarzbunten Rind erreicht die Kuh manchmal ein Gewicht von 700 kg. Der Stier, das geschlechtsreife männliche Rind, kann bis zu 1200 kg wiegen. Das weibliche Rind heißt Kuh. Jungtiere werden Kalb genannt.

In Indien verehrt man die Kuh als heiliges Tier. So gilt zum Beispiel ihr Urin als Heilmittel.

Nutztiere
Rinder liefern den Menschen Milch und Fleisch. Weil das Rind ein so wichtiges Nutztier

Kalb

Im Sommer werden die Tiere auf der Weide gehalten, im Gebirge auf der Alm.

ist, wird es gezüchtet. Manche Kühe erzeugen in einem Jahr bis zu 6000 l Milch. Andere geben einen hohen Fleischertrag ab.
In Teilen Afrikas oder Asiens werden Rinder noch heute als Zugtiere eingesetzt. Sie helfen den Bauern bei der Feldarbeit und ersetzen den Traktor.

Wiederkäuer
Rinder fressen jeden Tag bis zu 70 kg Gras. Sie schlucken es unzerkaut. Rinder verdauen die Nahrung in ihren vier Mägen. Im Pansen, dem ersten Magen, beginnt die Verdauung. Danach wandert das Gras über den Netzmagen zurück ins Maul. Jetzt zerkaut das Rind die Nahrung und vermischt sie mit Speichel. Das nennt man Wiederkäuen. Dann wird der Brei wieder geschluckt und wandert über den Blättermagen in den Labmagen. Hier wird Säure produziert, die die Nahrung zersetzt – sie wird verdaut. Nicht verwertbare Reste scheidet das Rind über den Darm aus.

In der Fahrerkabine des Kühllastwagens befinden sich Kühlschrank, Bett und Fernseher.

Kühllastwagen

Lastwagen

Heute werden die meisten Waren mit Lastwagen transportiert. Die Beförderung über die Schienen ist zwar umweltfreundlicher, aber auch teurer. Lastwagen liefern frische oder tiefgekühlte Lebensmittel zu Supermärkten, fahren Rohmaterialien zu Fabriken und transportieren die Kraftstoffe Benzin und Diesel zu den Tankstellen. Sie bringen die Milch von den Bauernhöfen zu den Milchwerken. Lastwagen liefern Waren selbst in abgelegene Gebiete in aller Welt.

Die verschiedenen Lastwagen

Lastwagen sehen ganz unterschiedlich aus, je nachdem, wofür sie gebraucht werden. Der Tanklastwagen befördert Benzin. Sein Ladetank ist aus Sicherheitsgründen in mehrere

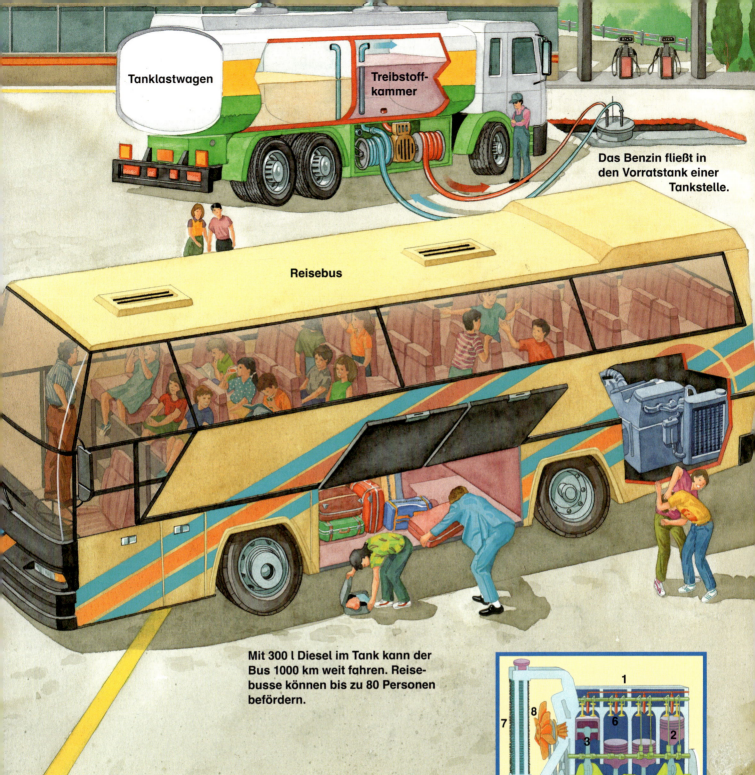

Tanklastwagen

Treibstoff-kammer

Das Benzin fließt in den Vorratstank einer Tankstelle.

Reisebus

Mit 300 l Diesel im Tank kann der Bus 1000 km weit fahren. Reisebusse können bis zu 80 Personen befördern.

Kammern unterteilt. Er fasst über 20 000 l Treibstoff. Außerdem gibt es Feuerwehrautos, Müllwagen, Autotransporter, Schwergutransporter, Lastwagen mit einem Kran, Betonmischer, Umzugslastwagen, Straßenreinigungsmaschinen, Kipplaster und viele andere.

Die meisten Lastwagen sind Sattelzüge. Sie bestehen aus einer Zugmaschine mit Motor, einem Führerhaus und einem oder mehreren Anhängern. Die Gelenkverbindungen zwischen Zugmaschine und Anhänger machen sie leichter steuerbar, als dies mit einem durchgehenden Fahrgestell der Fall wäre.

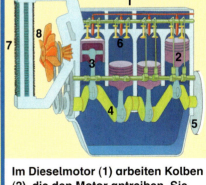

Im Dieselmotor (1) arbeiten Kolben (2), die den Motor antreiben. Sie sind über Pleuelstangen (3) mit der Kurbelwelle (4) verbunden. Diese setzt die Auf- und Abbewegung der Kolben in eine Drehbewegung der Schwungscheibe (5) um. Die Einspritzdüsen (6) versorgen den Motor mit Kraftstoff. Kühler (7) und Kühlventilator (8) verhindern, dass der Motor zu heiß wird.

Luftschiff von Santos-Dumont (1901)

Luftschiff Macon (1933)

Luftschiff R 34 (1919)

Montgolfier-Ballon (1783)

Luftschiffe und Ballons

Der erste Ballon wurde von den Franzosen Joseph und Etienne Mongolfier aus Stoff und Papier gebaut. Er stieg 1783 mit einem Feuer aus Stroh und feuchter Wolle in die Luft. Der Ballon von Charles und Robert fuhr mit explosivem Wasserstoff.

Erste Luftschiffe
General Meusnier versuchte 1785 den ersten Ballon lenkbar zu machen. Großes Aufsehen erregte der Brasilianer Alberto Santos-Dumont mit seinem Luftschiff „Balladeuse" Nr. 9. 1901 umfuhr er damit den Eiffelturm. Die R 34 war ein englisches Luftschiff, das 1919 erstmals den Atlantik überquerte.

Modernere Luftschiffe
1928 machte die „Graf Zeppelin" ihren Jungfernflug. Sie war größer als ein Fußballfeld und

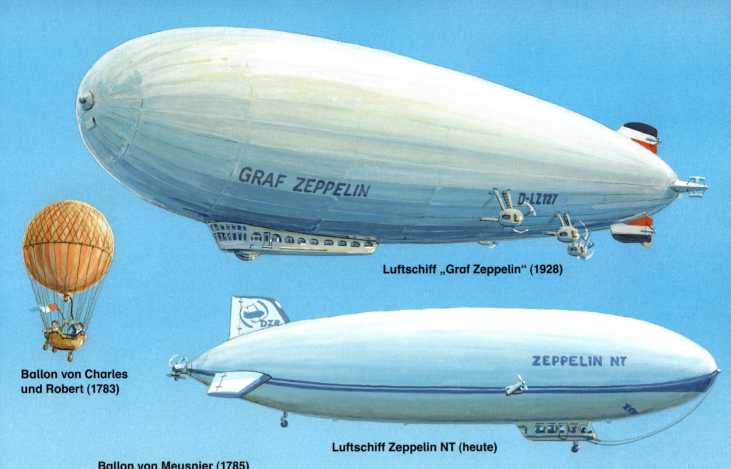

Luftschiff „Graf Zeppelin" (1928)

Ballon von Charles und Robert (1783)

Luftschiff Zeppelin NT (heute)

Ballon von Meusnier (1785)

Heißluftballons

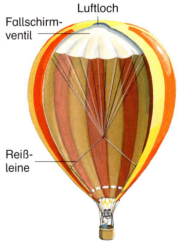

konnte 20 Passagiere bis nach Amerika mitnehmen. Ein Jahr später umfuhr die „Graf Zeppelin" als erstes Luftschiff die Erde. Das ist bis heute nicht wiederholt worden.
Im Jahr 1930 wurde eine Luftverbindung von Europa nach Nord- und Südamerika eingerichtet. Sie wurde sechs Jahre aufrechterhalten. Sehr viele Fahrgäste nutzten diesen Liniendienst.
Das amerikanische Luftschiff Macon wurde 1933 für Patrouillen eingesetzt. Der Zeppelin NT ist ein modernes Luftschiff, das für Schauflüge eingesetzt wird. Er wird seit den 1990er-Jahren gebaut.

Heißluftballons fahren mit dem Wind, deshalb kann man die Richtung nicht bestimmen. Es lässt sich nur die Flughöhe beeinflussen. Beim Steigen drehen die Fahrer das Brennerventil auf. Die erwärmte Luft in der Hülle steigt auf und mit ihr der Ballon. Soll der Ballon sinken, zieht der Fahrer die Reißleine. Durch ein Luftloch dringt kühlere, schwere Luft. Der Ballon sinkt.

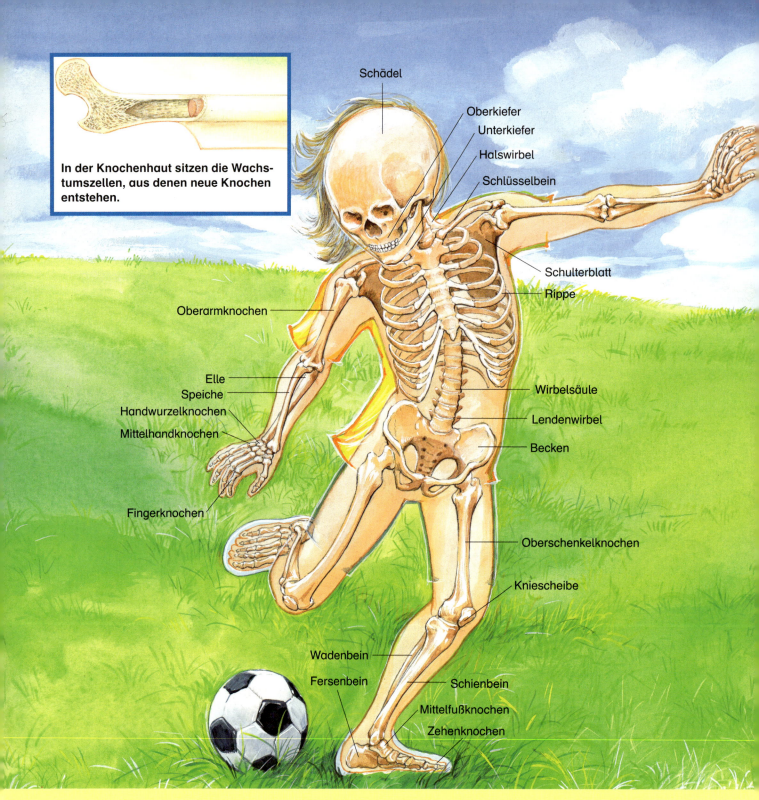

In der Knochenhaut sitzen die Wachstumszellen, aus denen neue Knochen entstehen.

Menschlicher Körper

Das Skelett ist das Knochengerüst, das dem Körper Halt gibt und seine Organe schützt. Der Mensch hat 206 Knochen. Der kleinste Knochen ist der Steigbügelknochen im Mittelohr, der größte ist der Oberschenkelknochen.

Muskeln
Die meisten Muskeln bewegen die Knochen mit den Gelenken. Andere Muskeln befinden sich in den Organen oder unter der Haut. Sie arbeiten, ohne dass wir es merken. Die Muskeln erhalten Energie über das Blut.

Die Organe
Alle unsere Organe, Gliedmaßen, die Nerven und das Gehirn arbeiten zusammen, damit der Körper gut funktioniert. Über das Gehirn und die Nervenbahnen wird unser Körper gesteuert. Die Nervenbahnen

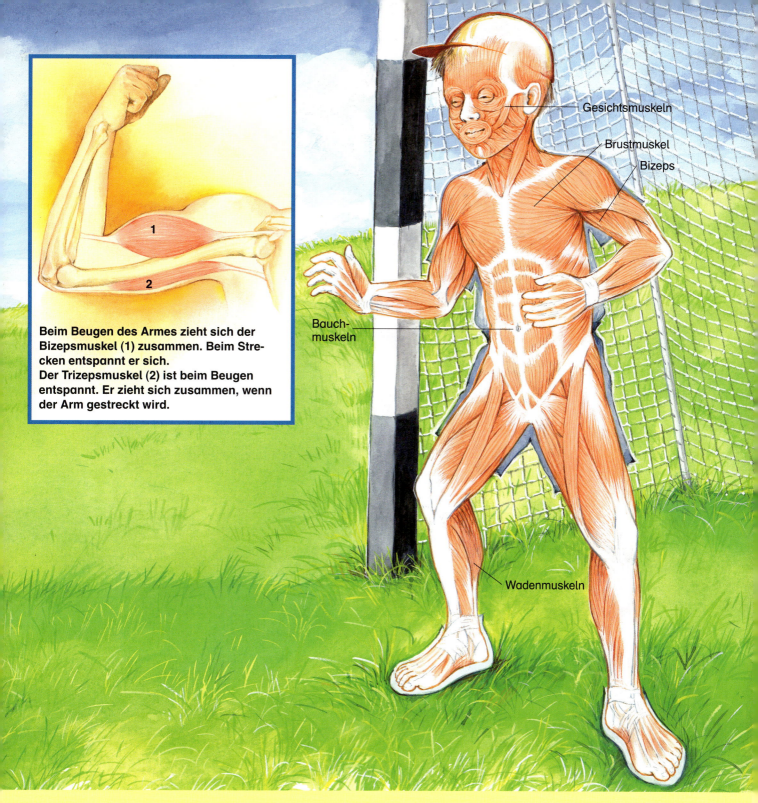

Beim Beugen des Armes zieht sich der Bizepsmuskel (1) zusammen. Beim Strecken entspannt er sich.
Der Trizepsmuskel (2) ist beim Beugen entspannt. Er zieht sich zusammen, wenn der Arm gestreckt wird.

leiten Wahrnehmungen an das Gehirn weiter. Sie übermitteln Befehle vom Gehirn an die Muskeln. Das Herz schlägt am Tag etwa 100 000-mal. Das Blut versorgt alle Organe mit Sauerstoff. Zu den Inneren Organen gehören zum Beispiel die Lungen, die Leber, der Magen, die Nieren, der Darm und die Blase.

Sinneswahrnehmungen
Hören, Riechen, Fühlen, Schmecken und Sehen: Über unsere fünf Sinne nehmen wir die Welt wahr. Jeder Sinn gibt seine Informationen an unser Gehirn weiter. Die Nervenzellen in der Nase melden dem Gehirn, was man riecht. Mit den Geschmacksknospen auf der Zunge schmeckt man. Über die Haut empfindet man Hitze, Kälte und Schmerz. Die wichtigsten Teile des Auges sind der Augapfel, die Iris, die Pupille und die Tränendrüse. Diese produziert eine Flüssigkeit, die die Augen feucht hält. Geräusche werden im Ohr in Botschaften an das Gehirn umgewandelt.

Meteore und Kometen

Sternschnuppen oder Meteore sind Leuchterscheinungen am Himmel.

Meteore
Verursacht werden sie durch viele Meteoriten. Das sind kleine Körper, die mit großer Geschwindigkeit auf die Lufthülle der Erde stoßen und dort verglühen. Ursprünglich waren sie Bruchstücke von Monden oder von Asteroiden (kleine Planeten), die im Weltall zusammengestoßen sind und auseinander brachen.

Etwa 500-mal im Jahr geschieht es, dass ein Meteorit die Erde erreicht, bevor er verglüht. Diese Meteoriten bestehen aus Eisen oder Stein. Der größte bisher auf der Erde gefundene Meteorit ist ein Eisenklotz, der etwa 60 000 kg wiegt. Trifft ein

Meteorit auf die Erde, so kann sein Einschlag weite Gebiete zerstören.

Kometen
Kometen sind wie riesige, schmutzige Schneebälle. Sie bestehen aus einem Gemisch aus Gesteinsstücken, Eis und Gasen. Der berühmteste ist der Halleysche Komet, der im Bild gezeigt wird. Er nähert sich alle 75 Jahre der Sonne. Dabei heizt er sich so auf, dass sein Eis teilweise verdampft. Gase und Staub werden freigesetzt. Um den Kern des Kometen entsteht eine leuchtende Gaswolke, die in einem Kometenschweif ausläuft.

Vor etwa 25 000 Jahren schlug ein Meteorit mit 30 m Durchmesser auf die Erde auf. Er riss in der Wüste Arizona (USA) ein 180 m tiefes und 1200 m breites Loch in die Erde.

Mond

Der Mond ist unser nächster Nachbar im Weltall und viermal kleiner als die Erde. Er umkreist nicht die Sonne, sondern die Erde.
Die Anziehungskraft der Erde bewirkt, dass sich der Mond immer um sie dreht.

Die Gezeiten
Der Mond verursacht die Gezeiten. Das ist die Bezeichnung für Ebbe und Flut. Zweimal am Tag steigt und fällt im Abstand von 6 Stunden der Meeresspiegel. Durch die Anziehungskraft des Mondes entsteht auf der Seite der Erde, die dem Mond zugewandt ist, ein Wasserberg. Dieser wandert mit dem Mond um die Erde. Bewegt sich der Wasserberg auf eine Küste zu, so hebt sich der Meeresspiegel zur Flut. Aber auch auf der mondabgewandten Seite der

Erde türmt sich ein Wasserberg auf. Zwischen diesen beiden Flutbergen herrscht Niedrigwasser – die Ebbe. Bei Neumond und bei Vollmond sind Sonne und Mond in einer Linie mit der Erde. Dann verstärken sich die Anziehungskräfte auf die Erde und eine sehr hohe Flut entsteht.

Die Mondphasen

Für eine Umrundung der Erde benötigt der Mond 28 Tage. Dabei wird er vom Sonnenlicht erhellt. Weil sich der Mond um die Erde dreht, erreicht ihn das Licht aus verschiedenen Richtungen. Deshalb sehen wir ihn in den Mondphasen als zunehmenden Mond (1), Halbmond (2), Vollmond (3) oder abnehmenden Mond (4).

Musikinstrumente

Menschen erfreuen sich an Musik. Sie gehört zu Festen, aber auch zum Alltag.

Die Musikinstrumente
Heute unterscheiden wir vor allem drei Gruppen: die Schlag-, Blas- und Saiteninstrumente.

Der Klang eines Instruments wird durch das Material bestimmt, aus dem es hergestellt ist (zum Beispiel Holz oder Metall). Auch die Form und Größe beeinflussen den Klang. In einem Sinfonieorchester spielen viele Musiker verschiedene Instrumente. Der Dirigent leitet das Orchester. Folgende Instrumente sind abgebildet: Trompete (1), Kornett (2), Posaune (3), Englischhorn (4), Sopransaxofon (5), Altsaxofon (6), Tenorsaxofon (7), Baritonsaxofon (8), Okarina (9), Mund-

harmonika (10), Fagott (11), Oboe (12), Bassklarinette (13), Blockflöte (14), Schalmei (15), Klarinette (16), Querflöte (17), Pikkoloflöte (18), Triangel (19), Tamburin (20), Trommelschlegel (21), Gong (22), Steel-Drum (23), Trommel (24), Dudelsack (25), Maultrommel (26), Bongo (27), Marimbafon (28), Xylofon (29), Vibrafon (30), Keyboard (31), Stimmgabel (32), Orgel (33), Waldhorn (34), Violine (35), Viola (36), Cello (37), Kontrabass (38), Zither (39), Banjo (40), Hackbrett (41), Spinett (42), Panflöte (43), Jazzbesen (44), Kastagnetten (45), Sousafon (46), Helikon (47), Serpent (48), Tuba (49), Tenorhorn (50), Balalaika (51), Ukulele (52), Mandoline (53), Gitarre (54).

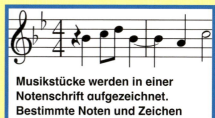

Musikstücke werden in einer Notenschrift aufgezeichnet. Bestimmte Noten und Zeichen legen genau fest, wie ein Musikstück gespielt werden muss.

Polarlicht

Regenbogen

Tornado

Fata Morgana

Naturphänomene

An Nord- und Südpol kann man Polarlichter bewundern. Die verschlungenen Lichter entstehen immer dann, wenn die Sonne elektrisch geladene Teilchen in die Lufthülle der Erde schleudert. Die Teilchen werden von den magnetischen Erdpolen angezogen und beginnen zu leuchten. Eine Fata Morgana ist eine doppelte Luftspiegelung. Diese Sinnestäuschung ist oft in Wüsten zu beobachten. Der Himmel spiegelt sich dabei auf dem Wüstenboden. Die Spiegelung sieht aus wie Wasser. Manchmal erscheinen sogar Oasen, die in Wirklichkeit sehr weit entfernt sind.
Geysire sind Springquellen, die in Vulkangebieten vorkommen. Quellwasser wird unter der Erde so erhitzt, dass es zu kochen beginnt. Es schießt schließlich

Tsunami

Roter Regen

Geysir

als Dampf durch Erdrisse in die Höhe.
Ein Regenbogen entsteht, wenn bei Regen das Sonnenlicht durch die vielen Millionen Tropfen fällt. Das Sonnenlicht wird dabei in seine sieben Farben zerlegt: Rot, Orange, Gelb, Grün, Hellblau, Dunkelblau und Violett.

Wenn starke Winde Sandkörner aus der Sahara bis zu uns transportieren, färbt sich das Tageslicht rötlich.

Verheerende Kräfte der Natur
Mit unvorstellbarer Kraft bricht ein Tornado über das Land. Dieser trichterförmige Wirbelsturm kann sogar Güterwagen wie Pappkartons durch die Luft schleudern.
Riesige Flutwellen (Tsunami) sind die Folge von Seebeben. Sie brauchen oft tausende von Kilometern, bevor sie sich zu über 30 m hohen Wellen auftürmen. Ganze Küstengebiete können von ihnen mitgerissen werden.

Obst

Obst enthält viele Vitamine und ist daher sehr gesund. Es sollte möglichst kühl und luftig aufbewahrt werden. Obst kann man roh oder in getrockneter Form essen. Obst lässt sich auch zu Fruchtsäften, Marmeladen oder Soßen verarbeiten.

Alle Obst tragenden Pflanzen sind aus Wildpflanzen entstanden.

Die heimischen Obstarten
Man unterscheidet bei unserem heimischen Obst verschiedene Arten. Wenn sich aus dem Fruchtknoten unter der Blüte eine Frucht entwickelt, die mehrere Kerne enthält, spricht man von Kernobst. Dazu zählen Birne, Apfel und Quitte. Das Steinobst hat in seinem Inneren einen harten Kern, in dem der Samen ist. Aprikose, Pflaume

oder Zwetschge, Pfirsich und Kirsche gehören zum Steinobst. Beim Beerenobst sind in das Fruchtfleisch Samen eingebettet. Ihr Geruch und Aussehen lockt Vögel an. Diese fressen die Beeren und scheiden die Samen aus. Dadurch sorgen die Vögel für die Verbreitung der Samen. Zum Beerenobst zählen Stachelbeere, Erdbeere, Brombeere, Johannisbeere, Heidelbeere, Holunderbeere und Himbeere.

Die Südfrüchte
Südfrüchte sind Obstarten, die bei uns nicht oder nur wenig gedeihen, weil sie viel Wärme brauchen und oft auf Frost empfindlich reagieren. Südfrüchte sind Weintrauben, Sternfrucht, Banane, Feige, Kiwi, Granatapfel, Zitrone, Kaki, Grapefruit, Orange, Kumquat, Papaya, Avocado, Melone, Ananas und Datteln. Die Früchte der Dattel stammen zum Beispiel von der Dattelpalme, die in Afrika und Indien wächst.

Ozean

Fast zwei Drittel unserer Erde sind von Wasser bedeckt. Die Ozeane bilden eine zusammenhängende Wassermasse, die durch die Kontinente getrennt wird. Die Meere beeinflussen unser Klima, liefern Nahrung, Energie und wertvolle Bodenschätze. Ihr Wasser bewegt sich in großen Kreisläufen. Zweimal täglich steigt und sinkt der Wasserstand an den Küsten. Diesen Wechsel nennt man Gezeiten. Unter dem Meeresspiegel verbirgt sich eine fremdartige Landschaft. Sie besteht aus verschiedenen Gebirgsketten und Schluchten. Der Marianengraben im Pazifik ist 11 km tief und damit die tiefste Stelle des Ozeans. Der höchste Berg der Erde, der Mount Everest, würde mit seinen 8848 m umgekehrt in diese Schlucht hineinpassen.

Meerestiere und -pflanzen

Die Portugiesische Galeere besteht aus vielen quallenartigen Polypen, die sich unterschiedliche Aufgaben teilen. Die Fangpolypen können bis zu 60 m lang werden. Die farbenfrohen Schmetterlingsfische bewohnen Korallenriffe. Kaiserfische tragen an den Kiemendeckeln Stacheln zur Verteidigung. Seepferdchen gehören zu den Fischen. Der Fliegende Fisch hat sehr große Brustflossen und kann damit über die Wasseroberfläche springen. Mit seinen großen Flossen kann der Manta-Rochen sehr schnell schwimmen. Der Walhai wird bis zu 15 m lang und wiegt bis zu 15 t. Der Pottwal kann bis zu 20 m lang werden. Mit einer leuchtenden Rute, die aus seiner Rückenflosse herauswächst, lockt der Tiefseeanglerfisch seine Beute an. Der Quastenflosser lebt in großen Meerestiefen. Die Riesenmuschel ist die größte Muschel der Welt.

Pferde

Es gibt Kalt- und Warmblutpferde. Warmblutpferde sind lebhafte Rennpferde mit elegantem Körperbau wie der Araber. Kaltblüter sind ruhig und langsam. Sie haben einen kräftigen Körperbau. Unter dem Begriff Pony fasst man kleine Pferderassen zusammen. Die Esel stammen aus den Bergen Asiens und Nordafrikas. Kreuzt man einen männlichen Esel mit einem weiblichen Pferd, so erhält man ein Muli (Maulesel), ein kräftiges Arbeitstier. Das Zebra ist ein afrikanisches Wildpferd mit schwarz-weiß gestreiftem Fell. Alle heutigen Pferde stammen von dem asiatischen Przewalskipferd ab.
Der Appaloosa war das Reittier der Prärieindianer. Heute ist diese Pferderasse vor allem bei Westernreitern beliebt.

Pilze

Es sind über 7000 Pilzarten bekannt. Manche werden als Heilmittel eingesetzt, wie zum Beispiel der Penicillin-Pilz. Der Hefepilz wird bei der Herstellung von Alkohol, aber auch beim Backen verwendet, zum Beispiel für den Hefeteig.

Pilze in Wald und auf Wiesen
Diese Pilze nennt man Hutpilze. Einige kann man essen. Viele sind aber ungenießbar oder sogar hochgiftig. Der Champignon wächst auf Wiesen. Der beste Speisepilz ist der Steinpilz. Der goldgelbe Pfifferling ist gut haltbar. Die Speisemorchel ist ein Speisepilz aus dem Flachland. Der Tintling ist als junger Pilz essbar. Stockschwämmchen, Reizker und Hallimasch eignen sich als Mischpilze. Fliegenpilz und Knollenblätterpilz sind hochgiftig.

Polizei

In jedem Land gibt es Gesetze und Vorschriften, die das Zusammenleben der Bewohner regeln. Die Polizei hat dafür zu sorgen, dass diese Regeln eingehalten werden. Die Beamten tragen eine Uniform. Wählt man die Nummer 110, so erreicht man die Einsatzleitzentrale. Hier werden Polizeieinsätze ausgelöst und überwacht.

Kriminalpolizei

Sie ist für die Aufklärung von Straftaten zuständig. Die Beamten befragen Personen, die ein Verbrechen beobachtet haben. Wenn Dinge am Tatort gefunden wurden, lassen sie diese untersuchen. Verdächtige werden verhört. Wenn die Beweise für eine Schuld ausreichen, wird der Tatverdächtige verhaftet und angeklagt.

Schutzpolizei

Mit Einsatzfahrzeugen geht die Schutzpolizei auf Streife und überwacht den Verkehr. Mit dem Polizeihubschrauber können die Polizisten von oben den Verkehrsfluss auf Autobahnen kontrollieren. Nach einem Unfall ohne Verletzte wird zuerst die Unfallstelle gesichert. Dann werden die Personalien der Unfallbeteiligten aufgenommen und der Unfallhergang in einem Protokoll aufgeschrieben.

Bereitschaftspolizei

Die Bereitschaftspolizei ist für die Ausbildung des Nachwuchses zuständig. Sie dient außerdem als Polizeireserve. Bei großen Veranstaltungen oder Demonstrationen sorgt die Bereitschaftspolizei dafür, dass es nicht zu gewaltsamen Ausschreitungen kommt.
Außerdem gibt es noch die Wasserschutzpolizei und die Grenzschutzpolizei. Sie überwachen den inländischen Schiffsverkehr und die Grenzen.

Vom amerikanischen Raumfahrtzentrum Cape Canaveral (Florida) aus starten bemannte Raumflüge.

In der Montagehalle wird das Raumschiff für den Start vorbereitet.

Werkstattgebäude

Ein Raupenfahrzeug bringt das Raumschiff zur Abschussrampe.

Abschussrampe

Kontrollzentrum

Raumfahrt

Erst seit der Erfindung des Raketenantriebs ist die Raumfahrt möglich. Denn nur dieser Antrieb arbeitet auch im luftleeren Raum und kann die Erdanziehung überwinden. Mehrstufenraketen verringern im Flug ihr Gewicht, indem sie ausgebrannte Antriebsstufen abstoßen. Raumfähren wie der Spaceshuttle werden bei der Landung wie ein Flugzeug gesteuert und können sicher landen. Sie befördern Satelliten oder Forschungslabore ins All.

Auf der Umlaufbahn

Viele Satelliten umkreisen die Erde. Der Wettersatellit beobachtet die Wolken und sendet Bilder an die Wetterstationen auf der Erde. Er misst auch Windgeschwindigkeiten und Temperaturen. Außerdem

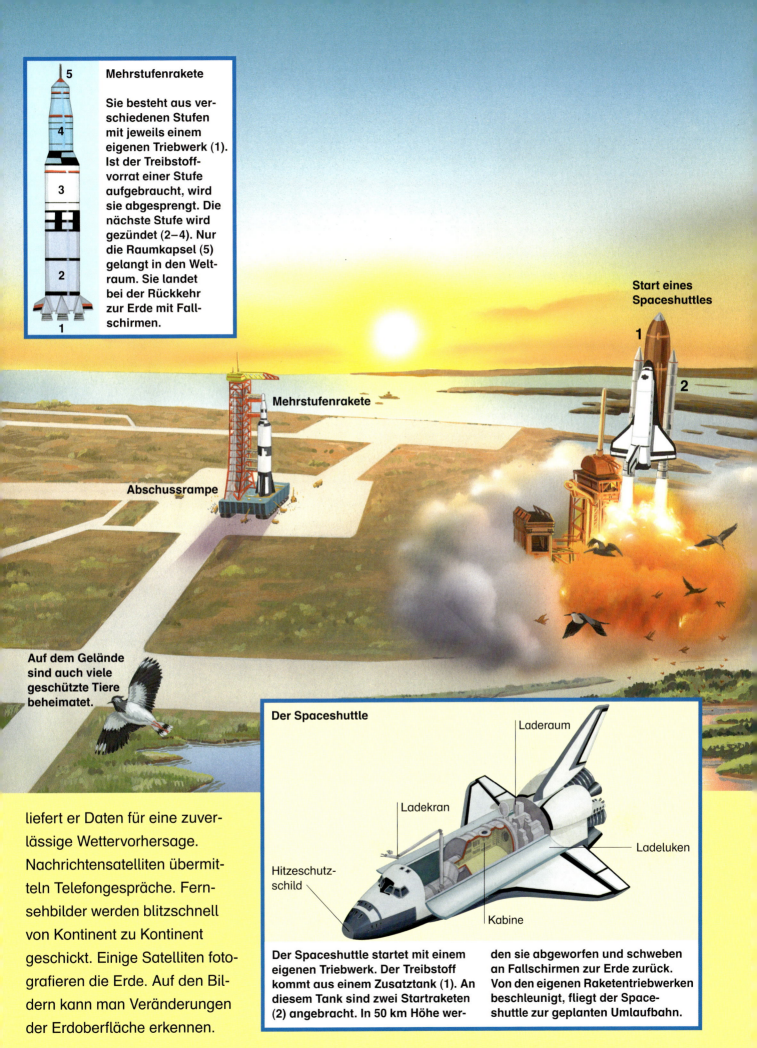

Mehrstufenrakete

Sie besteht aus verschiedenen Stufen mit jeweils einem eigenen Triebwerk (1). Ist der Treibstoffvorrat einer Stufe aufgebraucht, wird sie abgesprengt. Die nächste Stufe wird gezündet (2–4). Nur die Raumkapsel (5) gelangt in den Weltraum. Sie landet bei der Rückkehr zur Erde mit Fallschirmen.

Start eines Spaceshuttles

Mehrstufenrakete

Abschussrampe

Auf dem Gelände sind auch viele geschützte Tiere beheimatet.

liefert er Daten für eine zuverlässige Wettervorhersage. Nachrichtensatelliten übermitteln Telefongespräche. Fernsehbilder werden blitzschnell von Kontinent zu Kontinent geschickt. Einige Satelliten fotografieren die Erde. Auf den Bildern kann man Veränderungen der Erdoberfläche erkennen.

Der Spaceshuttle

Laderaum — Ladekran — Ladeluken — Hitzeschutzschild — Kabine

Der Spaceshuttle startet mit einem eigenen Triebwerk. Der Treibstoff kommt aus einem Zusatztank (1). An diesem Tank sind zwei Startraketen (2) angebracht. In 50 km Höhe werden sie abgeworfen und schweben an Fallschirmen zur Erde zurück. Von den eigenen Raketentriebwerken beschleunigt, fliegt der Spaceshuttle zur geplanten Umlaufbahn.

Regenwald

Die Regenwälder Südostasiens und Südamerikas liegen alle in der Nähe des Äquators. Im Sommer und im Winter ist es dort feuchtheiß. Es regnet fast jeden Tag. Aus diesem Grund wachsen Bäume und Pflanzen sehr schnell.

Tiere und Pflanzen
Im immergrünen Regenwald leben die meisten der bisher erforschten Tier- und Pflanzenarten. In Afrika findet sich zum Beispiel der Gorilla, in Mittel- und Südamerika der Jaguar, der Tukan oder die Anakonda, eine Würgeschlange. Auch das Faultier lebt dort. Es hängt wochenlang fast regungslos an den Ästen. In Asien ist der Orang-Utan zu Hause. Regenwälder liefern kostbare Rohstoffe, wie zum Beispiel Heilpflanzen.

Stockwerke

Der Regenwald besteht meist aus drei Schichten oder „Stockwerken". Besonders hohe Bäume bilden das oberste Stockwerk. Das mittlere Stockwerk sind Bäume, die zwischen 20 und 30 m hoch sind. Bis in 10 m Höhe erstreckt sich das unterste Stockwerk. Hier wachsen vor allem Sträucher und junge Bäume. Die Kronen der Bäume sind so dicht, dass kaum noch Sonnenlicht auf den Boden gelangt.

Zerstörung des Regenwaldes

Das Holz der Baumriesen ist begehrt. Durch das Abholzen sind Regenwälder die am stärksten bedrohten Lebensräume der Erde. Nicht nur die dortige Tier- und Pflanzenwelt ist in Gefahr, sondern auch unser Klima. Denn die Regenwälder produzieren große Mengen an Sauerstoff für die ganze Erde. Daher werden alle Regenwälder auch „grüne Lunge" genannt.

Reptilien und Spinnentiere

Schlangen sind sehr anpassungsfähige Reptilien. Obwohl sie keine Beine haben, können sie sich flink bewegen. Der Baumpython und die Anakonda gehören zu den ungiftigen Riesenschlangen. Sie werden bis zu 10 m lang und erdrosseln ihre Beute. Die Anakonda kann sogar Tiere bis zu einer Größe eines Wildschweins unzerkleinert verschlingen. Sie lebt hauptsächlich im Wasser.
Giftschlangen töten ihre Opfer durch einen Biss. Zu den Giftnattern gehören zum Beispiel die Kobra und die Blattgrüne Mamba. Seeschlangen gelten als besonders giftig.
Die Ringelnatter ist für den Menschen völlig harmlos. Da sie keine Giftzähne hat, verschlingt sie die Beute lebend.

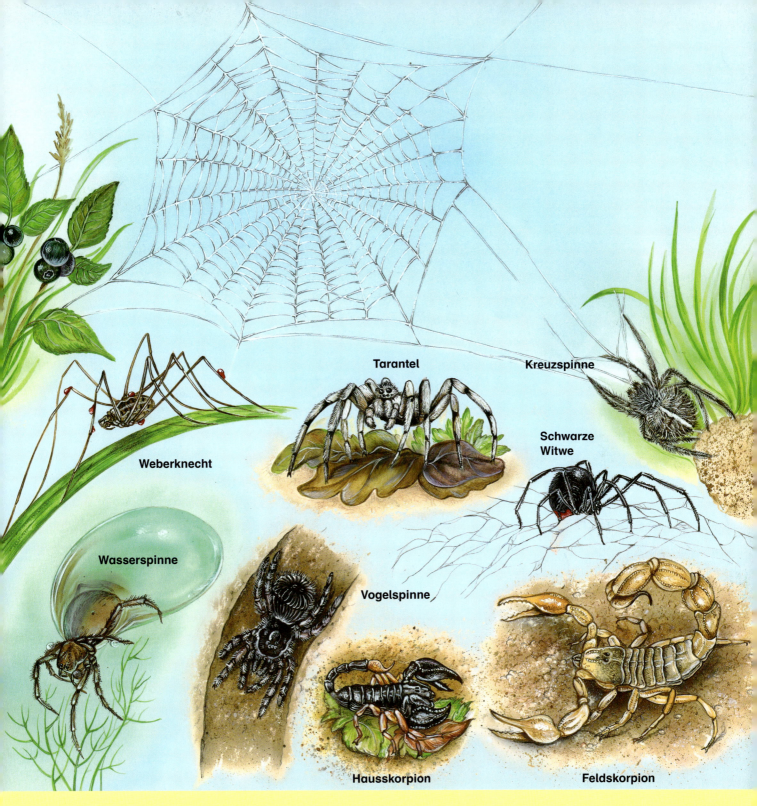

Skorpione und Spinnen gehören zu den Spinnentieren und haben acht Beine.

Spinnenarten
Die Beine des Weberknechts sind sehr lang. Bei Gefahr kann er ein Bein abwerfen.
Die Tarantel gehört zur Familie der Wolfsspinnen. Ihr Biss ist schmerzhaft, aber ungiftig. Sie baut keine Netze, sondern pirscht ihre Beute an. Das Gift der Schwarzen Witwe kann auch für den Menschen tödlich sein. Sie beißt aber nur selten. Die Kreuzspinne zählt zu den Radnetzspinnen. Vogelspinnen sind die größten Spinnen, die es gibt.

Skorpionarten
Skorpione wie den Hausskorpion und den Feldskorpion gab es bereits vor 400 Millionen Jahren. Am Kopf haben sie große Scheren. An ihrem Schwanzende sitzt ein Stachel mit Gift. Die in Europa lebenden Skorpione sind für den Menschen meist ungiftig.

Ritterburg

Im Mittelalter lebten reiche Adlige in Burgen. Zum Schutz vor Überfällen bauten sie die Burgen auf einem von Wasser umgebenen Hügel oder auf Felsen. Mächtige Mauern mit Wehrtürmen umgaben sie von allen Seiten.

Der Wohnturm
Der Palas oder Wohnturm (1) war das Hauptgebäude einer Burg. Hier wohnte der Burgherr mit Familie. Im Palas befanden sich das Schlafgemach des Burgherrn (2), ein Festsaal (3), ein Raum für die Soldaten (4) und Vorratskammern (5). Der Eingang (6) zum Palas lag zum Schutz vor Angreifern sehr hoch. Die Wendeltreppen (7) in den Burgtürmen dienten dazu, Feinde durch Schwertstreiche von oben abzuwehren. Das Klo (8) war an die Außenmauer

angebaut. Es war ein ummauerter Sitz mit einer Öffnung nach unten. Der Palas war umgeben von einer inneren Ringmauer (9) und dem inneren Burghof (10). In diesem Teil der Burg gab es eine Kapelle (11), Handwerker wie den Schmied (12), einen Brunnen (13) und einen Kräuter- und Gemüsegarten (14).

Die Vorburg
Die Vorburg (15) war ebenfalls ummauert. Dort befanden sich Ställe (16) und weitere Werkstätten. Bei Angriffen hielten sich auch die Dorfbewohner in der Vorburg auf. Große Turnierkämpfe wurden ebenfalls dort veranstaltet. Die Vorburg wurde geschützt durch die äußere Ringmauer (17) und das Burgtor (18) mit der Zugbrücke und dem Fallgatter (19). Auf den Wachtürmen (20) hielten Soldaten Wache. Bei einem Angriff verteidigten sie die Burg von den Wehrgängen (21) aus. In einem Turm der Burgmauer wurden Gefangene im Verlies (22) festgehalten.

Römer

Das Römische Reich hatte eine starke Armee. Die Römer eroberten vor mehr als 2000 Jahren weite Teile Europas und die Küsten des Mittelmeeres. Die Prätorianer waren die Leibgarde der Feldherren und Kaiser.

Die Stadt Rom
Die Römer bauten Straßen, Brücken und Wasserleitungen. Rom wurde auf sieben Hügeln errichtet. Dadurch war es auf natürliche Weise vor Feinden geschützt. Das Kapitol war einer dieser sieben Hügel.

Im Zentrum der Stadt lag das Forum Romanum. Hier gab es viele öffentliche Gebäude und Tempel. Zwischen diesen Gebäuden war ein großer Platz, das Comitium. Dort fanden Versammlungen statt. Auf der Rostra, der Rednerbühne,

konnten Redner gut gehört und gesehen werden.
In den zahlreichen Tempeln verehrten die Römer ihre Gottheiten. Jupiter war der Göttervater und der höchste der Götter.
In der Antike war eine Basilika Markthalle und Gerichtsgebäude. In direkter Nähe lag die Kurie. Hier tagte der Senat von Rom. Das war eine Gruppe von rund 300 Adligen, die den Herrschern beim Regieren zur Seite standen. Wie alle wohlhabenden römischen Bürger bewohnten sie prächtige Villen am Stadtrand. Ärmere Menschen wohnten in engen Mietshäusern in der Stadt.

Cäsar und Augustus
Gaius Julius Cäsar lebte von 100 bis 44 vor Christus. Im Jahr 45 wurde er Alleinherrscher über Rom. Augustus (63 vor Christus bis 14 nach Christus) war der erste römische Kaiser. Unter ihm begann eine lange Friedenszeit. Danach zerfiel das riesige Reich allmählich.

Savanne

Beinahe ein Viertel der Gesamtfläche Afrikas besteht aus Savanne. Dort wachsen nur Gräser und wenig Bäume. Die Sommer sind feucht und heiß, die Winter trocken und warm. Die Savanne ist die Heimat vieler Tierarten.

Tiere der Savanne
Hier leben vor allem große Säugetiere. Wie die Zebras und Gnus leben auch die Büffel in Herden zusammen.
Giraffen und Elefantenherden ziehen in der Trockenzeit durch die Savanne, um Wasserstellen zu suchen. Bis zu 20 erwachsene und junge Tiere leben in einer Elefantenherde. Sie werden von einer erfahrenen Elefantenkuh angeführt. Elefantenbullen sind dagegen Einzelgänger. Elefanten werden bis zu 70 Jahre alt.

Schimpansen zählen zu den Menschenaffen.

Elefantenkuh mit Jungem

Auf der Jagd

In der Savanne leben Raubkatzen. Der Gepard ist das schnellste Säugetier der Erde. Er kann eine Geschwindigkeit von 110 Kilometern in der Stunde erreichen. Die Löwinnen jagen in Rudeln. Nach der Jagd darf das stärkste Löwenmännchen zuerst fressen.

Hyänen sind Raubtiere, die auch Aas fressen. Sie versuchen sogar, den Löwen ihre Beute wegzunehmen. Sie gehen vorwiegend nachts auf die Jagd. Ihre Gebisse sind so stark, dass sie mühelos Knochen durchbeißen können. Was übrig bleibt, fressen Geier und Ameisen. An den wenigen Wasserstellen lauern Krokodile. Sie warten auf unvorsichtige Tiere, die sie beim Trinken überraschen und unter Wasser ziehen können.

Auch Affen kommen hierher. Während Paviane sich gerne in der offenen Savanne aufhalten, ziehen sich Schimpansen lieber in Laubwälder zurück.

Schiffe

Im Laufe von Jahrtausenden haben sich die Wasserfahrzeuge stark verändert.

Segel- und Transportschiffe

Vor 3500 Jahren segelten die Ägypter mit ägyptischen Segelschiffen. Mit dem Floß „Kon-Tiki" kam der Abenteurer Thor Heyerdahl 1947 von Südamerika nach Polynesien. Mit ähnlichen Flößen wurde 1000 vor Christus die Südsee entdeckt. Seit vielen tausend Jahren werden chinesische Dschunken gebaut. Sie haben sich bis heute kaum verändert. Griechische Bireme waren große Ruderschiffe und wurden im Krieg eingesetzt. Das Wikingerschiff hatte bis zu 80 Ruder und ein buntes Segel. Am hochgebogenen Bug befand sich ein Drachenkopf. Im 15. Jahr-

hundert waren Händler mit Koggen unterwegs. Christoph Kolumbus segelte 1492 mit dem Dreimaster „Santa Maria" nach Amerika. Die venezianische Galeere wurde im 16. Jahrhundert als Kriegsschiff eingesetzt. Die „Gorch Fock" ist seit 1958 das deutsche Schulungsschiff der Bundesmarine.

Modernere Schiffe
Große Containerschiffe sind dreimal so lang wie ein Fußballfeld. Ein Lotsenschiff zieht große Schiffe durch den Hafen. Ein Schlepper ist ein Schiff, das antriebslose Lastenkähne schleppt. Das Tragflügelboot hebt sich bei hoher Geschwindigkeit aus dem Wasser. Mit Kreuzfahrtschiffen kann man in ferne Länder reisen. Eine Fähre transportiert Personen und Fahrzeuge. Mit bis zu 150 km/h schwebt das Luftkissenboot über dem Wasser. Ein Atom-U-Boot kann lange unter Wasser bleiben. Die „Trieste" war ein Forschungs-U-Boot, das 10 916 m tief tauchen konnte.

Auf der Suche nach einem Westweg nach Indien landete Christoph Kolumbus 1492 vor Nordamerika.

Seefahrer

Schon im Altertum machten sich Entdecker auf die Suche nach neuen Handelswegen.

Die Wikinger
Erik der Rote entdeckte 981 Grönland. Jahre später kam Leif Eriksson in Nordamerika an.

Entdecker im Mittelalter
Marco Polo erreichte in den Jahren 1271–1292 China, Indien und Persien. Christoph Kolumbus brach 1492 im Auftrag des spanischen Königspaares auf und erreichte im gleichen Jahr Amerika. Die Eingeborenen nannte er Indianer, weil er glaubte, Indien gefunden zu haben. Vasco da Gama gelang 1497 die Umrundung Afrikas. In den Jahren 1519–1521 eroberte der Spanier Hernán Cortés das Reich der Azteken. Ferdinand Magellan gelang das erste Mal

Sir John Franklin geriet 1845 auf der Suche nach einer Nordwest-Passage, der Durchfahrt vom Atlantik zum Pazifik, ins Polareis.

eine Weltumseglung. Er war von 1519–1521 unterwegs. Einige Jahre später umsegelte als erster Engländer Sir Francis Drake von 1577–1580 die Welt.

Spätere Entdeckungen
Im Jahr 1768 brach der englische Seefahrer James Cook auf, um eine Expedition nach Tahiti zu unternehmen. Er fertigte Landkarten an und entdeckte einige Jahre später Hawaii. Alexander von Humboldt erforschte von 1799–1804 Süd- und Mittelamerika. Er führte Ortsbestimmungen durch. Sir John Franklin war Kapitän und Polarforscher. Er brach 1845 auf, um die Nordwest-Passage zu finden. Dabei starben er und seine Mannschaft. Auf der Suche nach ihm wurde die bis dahin unbekannte Polarregion erschlossen. Roald Amundsen war 1906 der Erste, der die gesamte Nordwest-Passage auf seinem Schiff bezwang. 1911 erreichte er als Erster den Südpol.

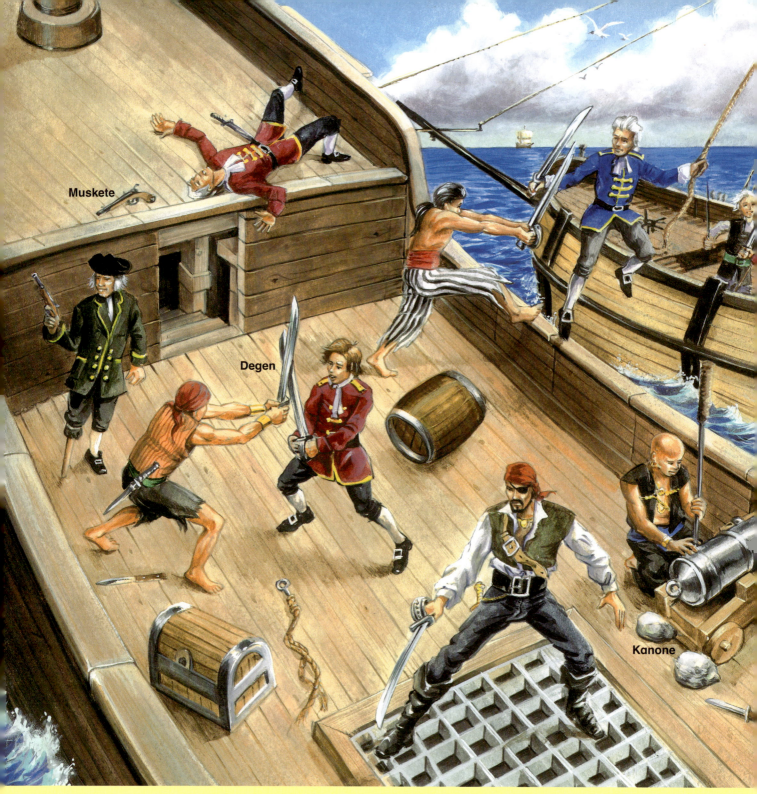

Seeräuber und Piraten

Bereits in der Antike – vor 2500 Jahren – trieben Piraten im Mittelmeer ihr Unwesen. Später überfielen die Wikinger mit ihren schnellen Schiffen Kaufleute in der Nord- und Ostsee. Oft heuerten arbeitslose Seeleute auf Piratenschiffen an.

An Bord erwarteten sie harte Arbeit, strenge Regeln und schlechtes Essen.

Piratenüberfälle

Wurde ein Beuteschiff gesichtet, so nahmen die Piraten zunächst die Verfolgung auf. Als Erkennungszeichen wurde die schwarze Totenkopfflagge gehisst. Mit Enterhaken zogen die Piraten das Beuteschiff heran. Dann stürmten sie mit Entermessern, Degen und Musketen an Bord. Ihr Ziel war es, Handelsware zu erbeuten

Oft wurden die erbeuteten Handelsschiffe zu Piratenschiffen.

Enterhaken

Totenkopfflagge

Entermesser

Geisel

oder durch die Gefangennahme von Geiseln ein Lösegeld zu erpressen.

Berühmte Piraten
Einige Piraten plünderten im Auftrag ihres Königs feindliche Handelsschiffe. Man nannte sie Freibeuter. Klaus Störtebeker half dem schwedischen König das von Dänemark belagerte Stockholm mit Lebensmitteln zu versorgen. Später enterte er viele Schiffe in der Nordsee. 1402 wurde Störtebeker in Hamburg hingerichtet.
Der Schotte William Kidd kaperte für die englische Krone Schiffe im Indischen Ozean. Er wurde gefangen genommen und in London gehängt. Zur Abschreckung wurde sein Leichnam in einem eisernen Gerüst am Flussufer der Themse gezeigt.
Unter den Piraten gab es auch Frauen. Anne Bonney aus Irland ging in der Karibik auf Beutezug. Auch sie wurde 1720 von den Engländern gefasst.

Süßwasserfische

See- und Meeresfische

Fische sind dem Leben im Wasser angepasst. Sie sind länglich, glatt und meist mit Schuppen bedeckt. Mit Schwanz und Flossen bewegen sie sich fort. Den lebenswichtigen Sauerstoff filtern sie mit ihren Kiemen aus dem Wasser. Es gibt Süßwasser- und Meeresfische. Viele Arten sind wegen starker Überfischung bedroht.

Vermehrung der Fische

Fische pflanzen sich fort, indem die Weibchen ihre Eier (Rogen) ins Wasser ablegen. Diese werden von den Männchen befruchtet. Die Männchen geben ihren Samen ins Wasser ab. Er treibt dann im Wasser. Einige Eier kommen mit dem Samen in Berührung und werden befruchtet. Nach mehreren Wochen schlüpfen die Jungen.

Meeresfische

Süßwasserfische
Bachforelle und Regenbogenforelle sind Raubfische. Die Äsche hat eine hohe Rückenflosse. Flussbarsch und Karpfen sind Speisefische. Der Felchen lebt in tiefen und kalten Seen. Wels und Hecht sind Raubfische. Sie können sehr groß werden.

Meeresfische
Der Oberkiefer des Schwertfisches sieht aus wie ein spitzes Schwert. Der Meeraal kann bis zu 2,50 m lang werden. Heringe haben silbrig glänzende Schuppen. Teufelsrochen gleiten mit wellenförmigen Bewegungen der Brustflossen durch das Meer. Makrelen leben in großen Schwärmen. Der Stör kann bis zu 5 m lang werden. Der schlanke Hornhecht schwimmt sehr schnell. Der Dorsch lebt in der Ostsee. Sardinen gibt es in allen Weltmeeren. Der Rotbarsch ist leuchtend rot. Der Heilbutt ist ein Plattfisch. Tunfische sind Speisefische und wiegen bis zu 600 kg.

Sonne

Ohne die Sonne gäbe es kein Leben auf unserer Erde. Sie versorgt uns mit Licht und Wärme. Die Sonne ist 109-mal so groß wie die Erde. Ihre Anziehungskraft hält die Erde und die übrigen Planeten unseres Sonnensystems auf ihrer Umlaufbahn.

Große Hitze
Man nimmt an, dass die Sonne vor etwa 4,6 Milliarden Jahren aus einer Gas- und Staubwolke entstanden ist. In ihrem Inneren herrschen unvorstellbar hohe Temperaturen. Nur ein Bruchteil der abgestrahlten Hitze erreicht die Erde. Selbst auf der Sonnenoberfläche herrschen noch 5785 °C. Das ist so heiß, dass jedes uns bekannte Material sofort schmelzen oder verdampfen würde.

Aus der Oberfläche der Sonne schießen oft riesige Flammen-

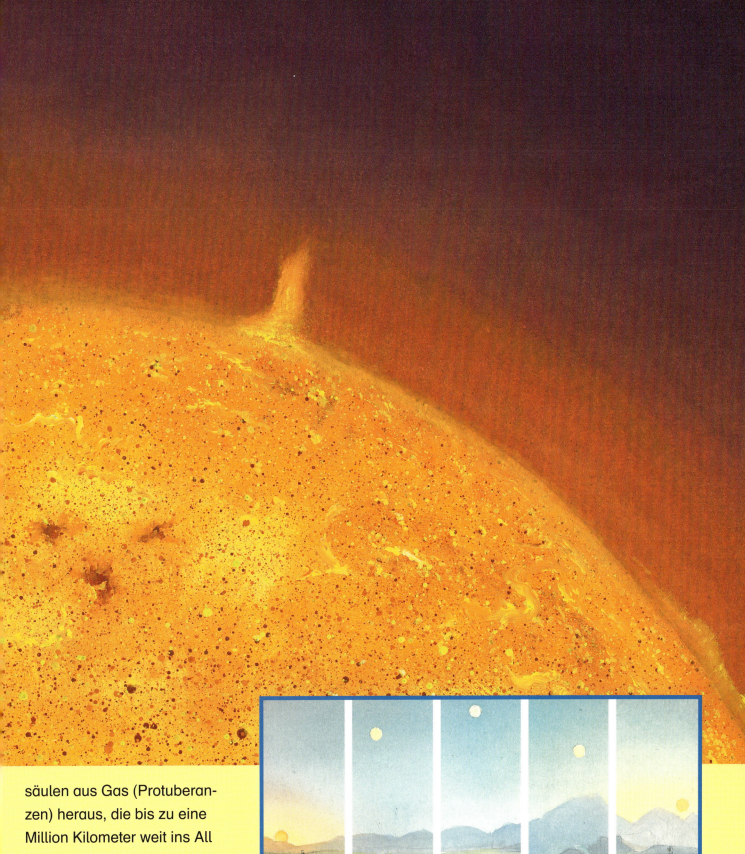

säulen aus Gas (Protuberanzen) heraus, die bis zu eine Million Kilometer weit ins All hinausgeschleudert werden. Wissenschaftler meinen, dass die Sonne auch noch die nächsten fünf Milliarden Jahre strahlen wird. Erst dann wird ihr „Brennstoffvorrat" verbraucht sein.

Bei Sonnenaufgang ist das Sonnenlicht noch schwach. Es wärmt kaum.

Während des Vormittags steigt die Sonne höher. Es wird wärmer.

Am Mittag erreicht die Sonne ihren Höchststand. Es ist am wärmsten.

Nachmittags nähert sich die Sonne dem Horizont. Es wird etwas kühler.

Bei Sonnenuntergang wird es langsam kühler und bald dunkel.

Sonnensystem

Die Erde und acht weitere Planeten bewegen sich um die Sonne. Sie bilden zusammen das Sonnensystem. Verglichen mit Entfernungen auf der Erde ist das Sonnensystem gigantisch groß. Es entstand vor etwa 5 Milliarden Jahren – vielleicht weil ein benachbarter Stern explodierte und sich dabei eine große Staub- und Gaswolke bildete. Der heiße innere Teil dieser Wolke wurde zur Sonne. Um sie herum formten sich Planeten aus Gestein, Metallen und Gasen. Sie bewegen sich auf nahezu gleich bleibenden eiförmigen Kreisbahnen um die Sonne.

Die Planeten
Merkur (1) ist der Sonne am nächsten. Auf seiner Oberfläche kann es bis zu 350 °C heiß

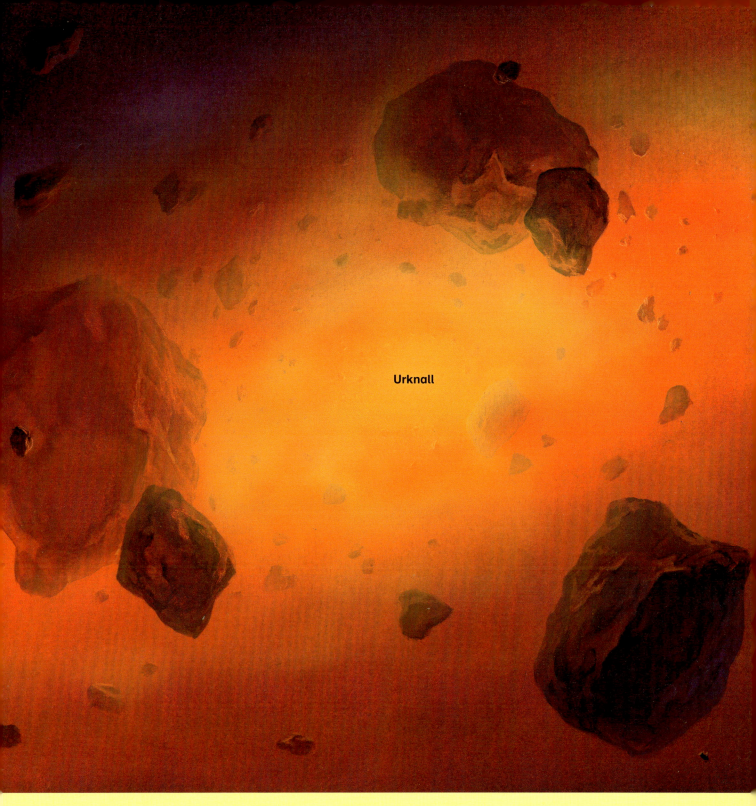

Urknall

werden. Venus (2) und Erde (3) sind von einer Gashülle umgeben, die man Atmosphäre nennt. Mars (4) wird auch „Roter Planet" genannt. Die größten Planeten, Jupiter (5) und Saturn (6), besitzen Ringsysteme aus Gas und Staub. Uranus (7) und Neptun (8) haben kleinere Ringsysteme.

Pluto (9) ist der kleinste Planet und kreist am weitesten von der Sonne entfernt. Er hält den Kälterekord mit −230 °C.

Der Urknall
Die ersten Sterne sind wahrscheinlich zusammen mit dem Weltall „geboren" worden. Das geschah vermutlich durch eine unvorstellbar gewaltige Explosion, dem Urknall. Aus riesigen Gas- und Staubmassen bildeten sich tausende von Jahren später die Sterne und Planeten. Das Weltall ist zwischen 15 und 20 Milliarden Jahre alt. Neue Sterne sind im Laufe der Jahrmillionen aufgetaucht und andere sind erloschen.

Sport

Bei vielen Sportarten werden Wettkämpfe ausgetragen. Feste Regeln sorgen dafür, dass jeder die gleichen Chancen hat zu gewinnen. Wer mit Sport sein Geld verdient, ist professioneller Sportler. Bei einem Sieg wird er mit einer Prämie bezahlt.

Sportarten
Es gibt viele verschiedene und zum Teil sehr ausgefallene Sportarten. Einige erfordern viel Mut. Den Kletterer reizt es, einen schwierigen Felsen zu erklimmen. Er sichert sich mit einem Seil. Der Downhill-Fahrer rast in Schutzkleidung mit einem Mountainbike sehr steile Berghänge hinunter. Beim Abfahrtslauf erreicht der Rennskifahrer hohe Geschwindigkeiten. Geräteturnen und Gymnastik finden in Turnhallen statt. Bei Mannschaftssportarten wie

Basketball und Fußball entscheidet das Zusammenspiel der einzelnen Spieler über Sieg oder Niederlage. Tennis gehört wie Tischtennis oder Federball zu den Rückschlagspielen. Ein Golfspieler möchte den Ball mit wenigen Schlägen in ein weit entferntes Loch spielen. Der Drachenflieger segelt von einem Berg aus ins Tal. Dabei versucht er, mithilfe von Aufwinden möglichst lange in der Luft zu bleiben. Beim Rafting und Kajakfahren kämpft man sich über gefährliche Stromschnellen. Der Wellenreiter surft mit einem Brett auf meterhohen Wellen. Turmspringer zeigen beim Sprung vom Sprungbrett unter anderem den Salto. Ruderer sitzen mit dem Rücken zur Fahrtrichtung im Boot. Wettkampfschwimmen finden meist in 50 m langen Schwimmbecken statt. Windsurfer stehen auf einem Surfbrett und brauchen wie die Segler immer den Wind zur Fortbewegung.

Spuren der Tiere

Tiere sind in der Wildnis oft schwer zu beobachten. Im Winter jedoch hinterlassen sie Spuren im Schnee. Diese Abdrücke können Geschichten erzählen. An ihnen lässt sich ganz genau ablesen, von welchem Tier sie stammen.

Sie verraten auch, ob sich das Tier schnell oder langsam vorwärts bewegt hat.

Spuren haben Namen
Die Abdrücke von Schalenwild wie Hirschen, Rehen und Wildschweinen nennt man „Fährten".

Niederwild wie Hase und Fuchs hinterlassen „Spuren". Die Abdrücke von Vögeln nennt der Jäger „Geläuf".
Jede Tierart hinterlässt ihre eigene, unverwechselbare Spur. Trotzdem gibt es große Ähnlichkeiten. Raubtiere wie

Luchs, Fuchs, Marder, Katze und Hund haben ganz ähnliche Abdrücke. Man muss genau hinsehen, um zum Beispiel den Unterschied zwischen einer Fuchs- und einer Hundespur zu erkennen. Die Fußabdrücke eines Fuchses sind schmaler und länglicher als die eines Hundes. Außerdem ragen die mittleren Zehen weiter vor. Man kann auch erkennen, ob sich ein Fuchs langsam bewegt hat oder ob er es eilig hatte. Beim langsamen Trott bildet die Fußspur zwei Reihen nebeneinander. Beim schnellen Lauf setzt er seine Füße in einer Reihe hintereinander auf. Man sagt dann, der Fuchs „schnürt".

Auch das sind Spuren
Tiere hinterlassen aber nicht nur Fußspuren, sondern auch Reste ihrer Mahlzeiten, Haare, Federn und Kot. An diesen Spuren kann man erkennen, welche Tiere im Wald leben. Wildschweine zum Beispiel graben auf der Suche nach Nahrung den Boden um.

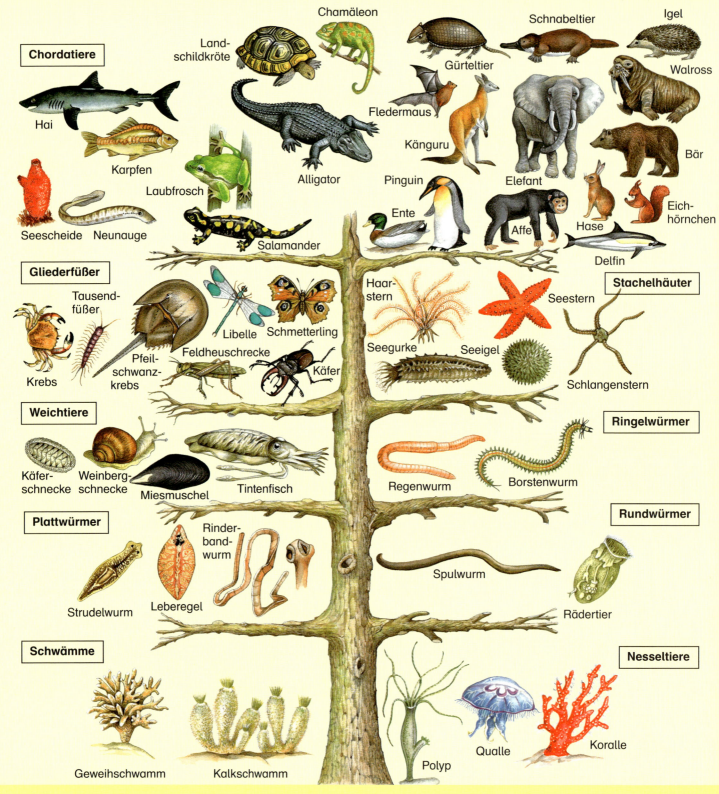

Stammbaum der Tiere

Der Stammbaum der Tiere zeigt die Verwandtschaftsbeziehungen einzelner Tierarten zueinander.
Alle Schwämme leben im Wasser. Die Nesseltiere können von 0,5 mm bis zu 2 m lang werden. Sie gehören zu den Hohltieren.

Viele der Platt- und Rundwürmer sind Parasiten. Die Weichtiere haben eine feste Schale. Eine bekannte Art der Ringelwürmer ist der Regenwurm. Krebse, Insekten und Spinnen gehören zu den Gliederfüßern, dem größten Tierstamm.

Stachelhäuter wie Seestern und Seeigel sind von festen Stacheln umgeben.
Der Stamm der Chordatiere besteht aus 60 000 Arten. Zu ihnen gehören auch die Wirbeltiere wie zum Beispiel Fische und Säugetiere.

Strand

Das Watt ist ein ganz flacher Küstenstreifen, der bei Ebbe trocken liegt. Zweimal täglich wird es mit Wasser überflutet. Überall sieht man einzelne Tümpel und Rinnen, die Priele, die sich zwischen Sandbänken und kleinen Inseln stark verästeln. Dieser Wattgürtel kann bis zu 30 km breit sein. Bei Flut wird er mehrere Meter hoch überspült. Die Veränderungen bei Ebbe und Flut erschweren das Leben im Watt. Viele Tiere haben sich aber an die Bedingungen angepasst.

Die Tierwelt im Watt
Viele Tiere wie Schnecken, Muscheln und Krabben leben im Sand verborgen. Bei Ebbe suchen Möwen, Säbelschnäbler und Austernfischer nach Nahrung im Boden. Seehunde ruhen sich auf Sandbänken aus.

Stromerzeugung

Elektrischer Strom wird in Kraftwerken oder durch Wind und Sonne erzeugt. Wasserkraftwerke nutzen die Energie aus der Strömung eines Flusses. Wärmekraftwerke werden mit Kohle, Erdgas oder Atomkraft betrieben.

Das Kohlekraftwerk
In einem Kohlekraftwerk wird die Kohle über ein Fließband in die Kohlemühle befördert und dort zu feinem Staub gemahlen.
In der Mischkammer wird der Staub mit Luft aus der Frischluftzufuhr vermischt und in der Brennkammer verbrannt. Im Kessel entsteht Wasserdampf, der die Turbine antreibt. Diese setzt den Generator zur Stromerzeugung in Gang. Die Abgase werden gefiltert und in den Kamin geleitet. Der Strom wird

altzentrale
Umspannwerk
Wasserfälle
Auffangbecken
Kondensator
Wasser für Kühlung

Wasserkraftwerk

in der Schaltzentrale über Transformatoren im Umspannwerk geführt und zum Verbrauch ins Netz eingespeist. Im Kondensator wird der heiße Dampf mit Wasser abgekühlt. Das Wasser sammelt man in einem Auffangbecken. Von da gelangt es durch Rohrleitungen zurück in den Fluss.

Ein Fluss wird gestaut. Durch den Wassereinlauf (1) strömt das Wasser auf die Turbinenräder (2), die den Generator (3) antreiben. Er wandelt die Bewegungsenergie in elektrische Energie um. Im Schaltraum (4) wird die Wasserzufuhr gesteuert. Das ausströmende Wasser (5) ist sauber und gelangt zurück in den Fluss.

Schneehase

Rotes Ordensband

Kröte

Tiger

Tarnung der Tiere

Einige Tiere passen sich in Farbe und Form so an ihre Umgebung an, dass sie fast unsichtbar sind. Dadurch sind sie gut vor Feinden geschützt, gegen die sie sich nicht wehren könnten. Man nennt dies „natürliche Tarnung". Auch angreifende Tiere sind oft getarnt, um sich unbemerkt an Beute heranschleichen zu können.

Der Trick mit der Tarnung
Das Fell des Schneehasen ist im Winter weiß und im Sommer braun. So können ihn Raubvögel nur schwer aus der Luft erkennen. Das Rote Ordensband ist ein Schmetterling. Seine Flügel sehen aus wie die Baumrinde, auf der er lebt. Kröten tarnen sich durch ihre warzige Haut. Sie sieht genauso aus wie der Boden. Der

Spannerraupe

Rohrdommel

Zebra

Wandelndes Blatt

Tiger fällt im Dschungel nicht auf. Seine Streifen verschwimmen mit den Farben des Dickichts. So kann er sich an sein Beutetier heranschleichen. Bei Gefahr versteift sich die Spannerraupe und spreizt sich von dem Ast ab, auf dem sie sitzt. Dann sieht sie aus wie ein Zweig. Die Rohrdommel hält sich gerne im Schilf auf. Bei Gefahr macht sie sich schlank und zeigt ihre gesprenkelte Unterseite. Dadurch unterscheidet sie sich von der Musterung der Schilfhalme nicht mehr. Zebras sind in der offenen Steppenlandschaft Afrikas oft fast unsichtbar. Ihre Streifen vermischen sich in der flimmernden Mittagshitze und in der Dämmerung mit den Farben der Landschaft. Das Wandelnde Blatt ist ein Fluginsekt und gehört zur Familie der Schrecken. Es hat sich so gut in Form, Farbe und Verhalten an seine Umgebung angepasst, dass es kaum mehr von einem Blatt am Baum zu unterscheiden ist.

Teich

Ein Teich ist ein stehendes Gewässer. Es ist so flach, dass das Sonnenlicht bis zum Grund dringt. In diesem Lebensraum leben eine Vielzahl von Tieren und Pflanzen. Sie alle sind aufeinander angewiesen. Am Teich kann man fliegende und schwimmende Insekten, Lurche, Vögel, Fische, Biber, Muscheln, Schnecken und viele Wasserpflanzen beobachten. Manche Seen und Teiche werden von Bibern aufgestaut. Dazu fällen sie schnell wachsende Bäume wie die Bruchweide. Die Bisamratte ist seit 1905 in Europa heimisch. Sie stammt aus Nordamerika. Das Blesshuhn und der Haubentaucher brüten im Schilfgürtel. Um sich und seine Brut satt zu bekommen, muss der Eisvogel jeden Tag Fische fangen.

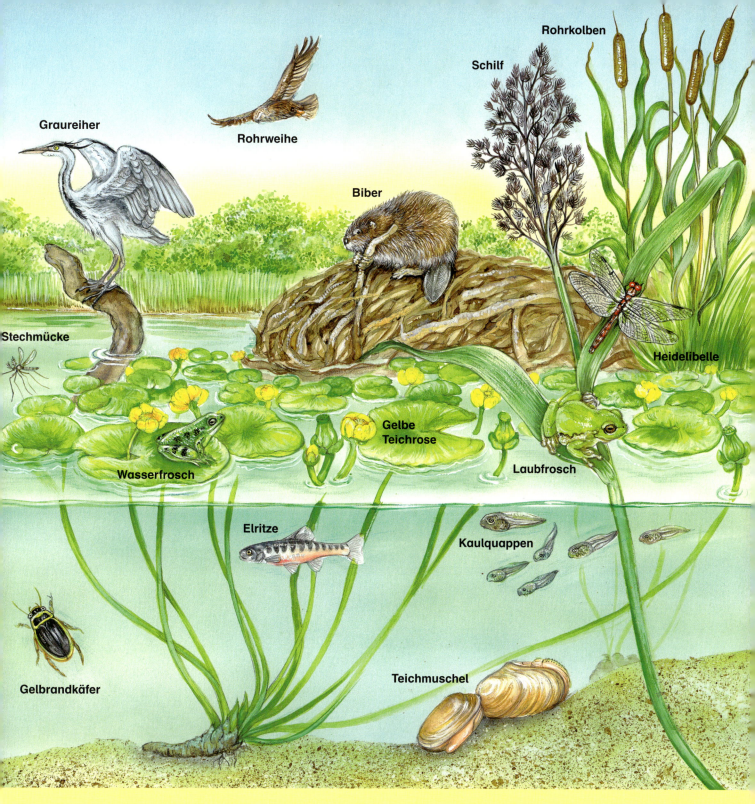

Leben über und unter dem Wasser

Der Hecht lauert regungslos inmitten von Wasserpflanzen auf seine Beute wie Elritzen und kleinere Karpfen. Sobald sie in seine Nähe kommen, schnappt er sie sich mit seinem kräftigen Maul. Unter Wasser leben Insekten wie der Gelbrandkäfer. Am Teichgrund findet man Teichmuscheln. Die Gelbe Teichrose gehört zu den ältesten Pflanzen der Erde. Das Raue Hornblatt hat keine Wurzeln und treibt unter Wasser. Laubfrösche klettern gerne auf Rohrkolben oder auf Schilfstängel. Der Wasserfrosch lauert auf Stechmücken. Seine Jungen, die Kaulquappen, schwimmen unter Wasser. Wasserläufer können wirklich über Wasser laufen. Heidelibellen haben einen auffallend bunten Hinterleib. Graureiher sind geschickte Fischfänger. Fischadler und Rohrweihe machen auch Jagd auf Krickenten und Blesshühner.

Theater

Schon die Griechen und Römer bauten vor 2500 Jahren große Freilichttheater. Darin führten sie Tänze, Gesänge und Theaterstücke auf. Vor etwa 400 Jahren ließen Fürsten und Könige erstmals eigene Theatergebäude errichten.

Formen des Theaters
Es gibt Sprechtheater und Musiktheater. Komödie oder Tragödie sind Formen des Sprechtheaters. Zum Musiktheater gehören zum Beispiel Oper und Musical. Daneben gibt es auch Marionettentheater, Puppentheater und Pantomime. Bei der Pantomime wird ohne Worte eine Geschichte „erzählt". Der Schauspieler stellt Szenen nur durch Gesichtsausdruck (Mimik) und Körper- und Handbewegungen (Gestik) dar.

Im Theater

Im Orchestergraben vor der Hauptbühne sitzen die Musiker. Wenn ein Schauspieler während der Aufführung den Text vergisst, hilft ihm ein Souffleur. Er liest in der Souffleurmuschel den Text leise vor. Mit Hebebühnen können Schauspieler und Kulissen rasch verschwinden oder auftauchen. Die Proszeniumswand trennt den Zuschauer- vom Bühnenraum. Die Scheinwerfer beleuchten die Bühne. Bei Umbauten wird ein brandsicherer Vorhang zwischen Bühne und Zuschauerraum heruntergelassen. Dann können die Bühnenarbeiter die Kulissen verändern. Auch in der Seitenbühne stehen Kulissen und Requisiten bereit. Neben der Bühne befinden sich die Garderobenräume der Schauspieler. Im Fundus werden die Kostüme aufbewahrt. Die Kulissen werden in der Theaterwerkstatt hergestellt. Im Technikraum werden Ton- und Lichteffekte gesteuert.

1994 wurde der 50 km lange Eurotunnel fertig gestellt. Er verbindet Frankreich mit Großbritannien.

Der mit Wasser gekühlte Bohrkopf der Tunnelbaumaschine hatte einen Durchmesser von 12 m.

Schrägseilbrücke

Steinbrücke

Tunnels und Brücken

Flüsse, Täler, Berge und Seen werden mit Brücken und Tunnels überwunden.
Oft führen Brücken auch über viel befahrene Straßen hinweg. Fußgängerbrücken oder -tunnels ermöglichen es, Straßen, Gewässer oder Eisenbahnlinien sicher zu umgehen. Früher bauten die Menschen Seilbrücken aus zusammengeknüpften Pflanzen oder Steinbrücken mit hohen Bögen.
Heute ruhen die meisten Brücken auf festen Stützen, den Pfeilern.

Verschiedene Brücken
Schrägseilbrücken können weite Täler oder breite Flüsse überwinden. Starke Drahtseile laufen über hohe Pfeiler. Sie nehmen die Last der Fahrbahnplatten auf. Steinbrücken bestehen aus Naturstein oder

Ziegelsteinen. Die Bögen der Bogenbrücken tragen fast die ganze Last.

Wege durch den Berg
Ein Tunnel ist ein unterirdischer Verkehrsweg für Eisenbahnen oder Autos. Er wird mit einer riesigen Tunnelvortriebsmaschine gebohrt oder mithilfe von Sprengstoff durch den Berg getrieben. U-Bahn-Tunnels werden nicht gebohrt. Sie entstehen in einer offenen Baugrube, die dann wieder zugeschüttet wird. Der Eingang des Tunnels wird mit Steinplatten gefasst oder aus Beton gegossen. Gebläse transportieren frische Luft in den Tunnel. Die verbrauchte Luft entweicht durch die Tunneleingänge.

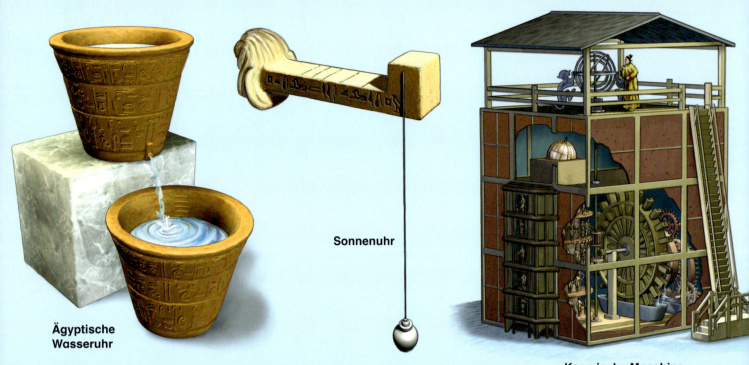

Ägyptische Wasseruhr

Sonnenuhr

Kosmische Maschine

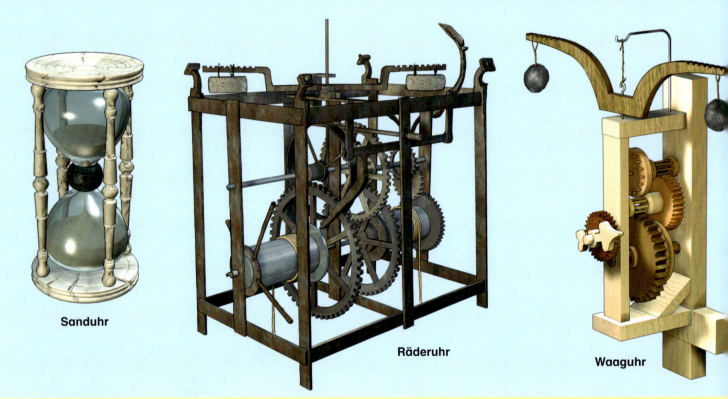

Sanduhr

Räderuhr

Waaguhr

Uhren

Schon vor mehr als 5000 Jahren entwickelten Menschen Geräte zur Zeitmessung.

Erste Uhren
Um 1500 vor Christus wurde in Ägypten eine Wasseruhr erfunden. Wie viel Zeit vergangen war, konnte man an den Strichen im unteren Gefäß ablesen. Die Ägypter entwickelten auch die Sonnenuhr. Ein Stab steckt senkrecht im Boden. Aus der Länge des Schattens bestimmte man die Tageszeit. Die erste mechanische Uhr war die Kosmische Maschine. Sie wurde in einem Turm von einem Wasserrad angetrieben. Die Sanduhr ist eine Erfindung des Mittelalters. Zahnräder bewegten die Zeiger einer Räderuhr. Diese Art Uhren waren an Kirchtürmen angebracht.

Stutzuhr

Pendeluhr

Elektrische Uhr

Atomuhr

Lichtuhr

Digitaler Funkwecker

Analog-Quarzuhr

Neuere Erfindungen

Durch die Bewegung des Waagbalkens wurde die Waaguhr angetrieben. Mit der Erfindung von Uhrwerk und Pendel ließ sich die Zeit immer genauer bestimmen. Die Stutzuhr ist mit einem Federantrieb ausgestattet. Wegen des langen Pendels sind die Pendeluhren sehr hoch. Mitte des 19. Jahrhunderts gab es die erste elektrische Uhr.

Moderne Uhren

Die Atomuhr wurde 1944 entwickelt. Diese Uhren sind die genauesten von allen Uhren. Sogar nach 1 Million Jahren gehen sie um weniger als eine Sekunde falsch. Die Lichtuhr wird von Lichtzellen angetrieben. Bei digitalen Funkweckern korrigiert ein durch Funk gesendetes Zeitsignal immer wieder die Uhrzeit. Die Analog-Quarzuhr benötigt als Stromquelle eine kleine Batterie. Ein winziger Motor treibt ihre Zeiger an.

Die Neandertaler lebten in Höhlen. Sie trugen Fellkleidung und wärmten sich bei Kälte am Feuer.

Urzeitmenschen

Nicht immer sahen die Menschen so aus wie wir heute. Vor etwa zwei Millionen Jahren entwickelte sich aus den affenähnlichen Urmenschen der heutige Mensch. Die Zeit, in der Urmenschen lebten, nennt man Steinzeit.

In der Altsteinzeit (2,5 Millionen bis 8000 vor Christus) waren die Menschen Jäger und Sammler. Die Menschen der Mittelsteinzeit (8000 bis 5500 vor Christus) gründeten Siedlungen. In der Jungsteinzeit (5000 bis 2000 vor Christus) gab es immer mehr Ackerbauern und Hirten.

Die Menschen der Steinzeit fertigten nicht nur Werkzeuge aus Stein. Man weiß heute, dass sie auch Arbeitsgeräte aus Holz, Knochen, Hörnern oder Zähnen benutzten. Weil diese

Materialien im Lauf der Zeit verrottet sind, findet man heute nur noch Werkzeuge aus Stein.

Das Leben der Neandertaler
Die Neandertaler lebten in der Altsteinzeit. Sie wurden ungefähr 1,60 m groß. Ihre Gesichter waren ähnlich wie bei Menschenaffen nach vorne gewölbt und hatten große Knochenwülste über den Augen. Die Neandertaler mussten Temperaturen von bis zu −40 °C aushalten. Ihre grobe Fellkleidung und die zugigen Felsüberhänge, unter denen sie lebten, boten dabei wenig Schutz. Während Frauen und Kinder Feuerholz suchten und Beeren sammelten, gingen die Männer mit Speeren und Steinkeulen auf die Jagd. Wenn Rentiere, Pferde oder Mammuts ihre Weidegründe wechselten, wurde die Jagdbeute knapp. Dann mussten die Neandertaler ihren Lagerplatz verlassen und sich einen neuen Unterschlupf suchen.

Urzeittiere

Die meisten Tierarten, die in der Urzeit lebten, sind heute ausgestorben.

Die Vorfahren der Tiere
In der Altsteinzeit lebte in Europa der Höhlenlöwe (1). Er gehörte zur größten Katzenart, die es jemals gab. Mit seinen mächtigen Pranken griff er sogar Mammuts an. Die Höhlenhyäne (2) hatte sich darauf spezialisiert, anderen Raubtieren ihre Beute abzujagen. Das größte und stärkste Raubtier der Altsteinzeit war der Höhlenbär (3). Er war größer als alle heute lebenden Bären und ein Allesfresser. In den Wäldern Europas und Asiens lebte der Riesenhirsch Megaloceros (4). Das mächtige Tier trug ein Geweih, das etwa so lang wie ein Auto war. Der Ur oder

Die größten Rüsseltiere, zu denen die Elefanten gehören, waren die Mammuts. Das Steppenmammut wurde bis zu 4,50 m groß und trug bis zu 5 m lange, gewundene Stoßzähne. Sein Fell schützte es vor der Kälte. Vor etwa 6000 Jahren starben die Mammuts aus.

Auerochse (5) war etwa doppelt so groß wie unsere heutigen Rinder. Er war stark und reizbar. Die letzten Auerochsen wurden vor etwa 250 Jahren in Polen ausgerottet.

Es gab auch ganz außergewöhnliche Tiere. Der über 3 m große Gigantopithecus (6) aus Afrika sah aus wie ein riesiger Gorilla. Mit seinem gestachelten keulenartigen Schwanz konnte das Gürteltier Doedicurus (7) mühelos seine Feinde vertreiben. Der neuseeländische Riesenvogel Dinornis maximus (8) war mit 3,50 m wohl der größte Vogel, der jemals gelebt hatte. Allerdings konnte er nicht fliegen.

Vögel am Wasser

Die Seevögel haben ein dichtes Federkleid, das sie gegen Wasser, Wind und Kälte schützt. Ihre Schnäbel sind unterschiedlich geformt. Enten haben breite Schnäbel. Damit können sie aus dem Wasser Nahrung aussieben. Austernfischer oder Schnepfen graben mit ihren langen und spitzen Schnäbeln nach Nahrung.

An Meer und Küste
Der Albatros hat eine Flügelspannweite von bis zu 3 m. Die Schnepfe fällt durch ihren langen Stocherschnabel auf. Der Pinguin kann nicht fliegen. Er setzt seine kurzen Flügel beim Schwimmen wie Flossen ein. Der Regenpfeifer sucht mit seinem Schnabel nach Insekten und kleineren Fischen. Der Austernfischer ernährt sich von

Vögel an Flüssen und Teichen

Muscheln aus dem Meer. Die Möwe ist ein Räuber und frisst Vogeleier und Jungvögel. Um Beute zu fangen, stürzt sich die Seeschwalbe aus der Luft ins Wasser. Der Tordalk jagt unter Wasser nach Fischen. Er ist ein hervorragender Taucher und kann sehr lange unter Wasser bleiben.

An Flüssen und Teichen
Ente und Schwan haben ein Wasser abweisendes Gefieder. Der Pelikan hat am Unterschnabel einen Hautsack. Mit dem Hakenschnabel fängt der Flamingo Krebse. Der Haubentaucher kann tief tauchen. Der Graureiher ist groß. Der Eisvogel hat einen spitzen Schnabel.

In Sumpf und Moor
Mit seinem gebogenen Schnabel stochert der Ibis im Schlamm. Störche ziehen im Herbst nach Afrika. Der Kranich gehört zu den größten Vögeln Europas. Wenn der Wiedehopf aufgeregt ist, stellt er seine Federhaube auf. Der Fasan hat ein farbiges Gefieder.

Vögel auf dem Land

Die Vogelarten an Land lassen sich in viele verschiedene Gruppen unterteilen.

Die Ordnung der Vögel
Es gibt Tagraubvögel wie Bussarde und Adler, die auch zur Gruppe der Greifvögel zählen.

Eulen und Uhus sind Nachtraubvögel. Uhus sind die größte Eulenart.
Rabenvögel wie Eichelhäher, Rabenkrähe, Elster und Dohle sind Allesfresser. Sie haben meist ein schwarzes Gefieder und eine krächzende Stimme.

Rabenvögel nisten in Mauerwerk, Bäumen oder Felsspalten. Singvögel haben an ihrem unteren Kehlkopf mehrere Singmuskeln. Damit können sie sehr schön zwitschern. Zu ihnen zählen unter anderem Meise, Sperling und Schwalbe.

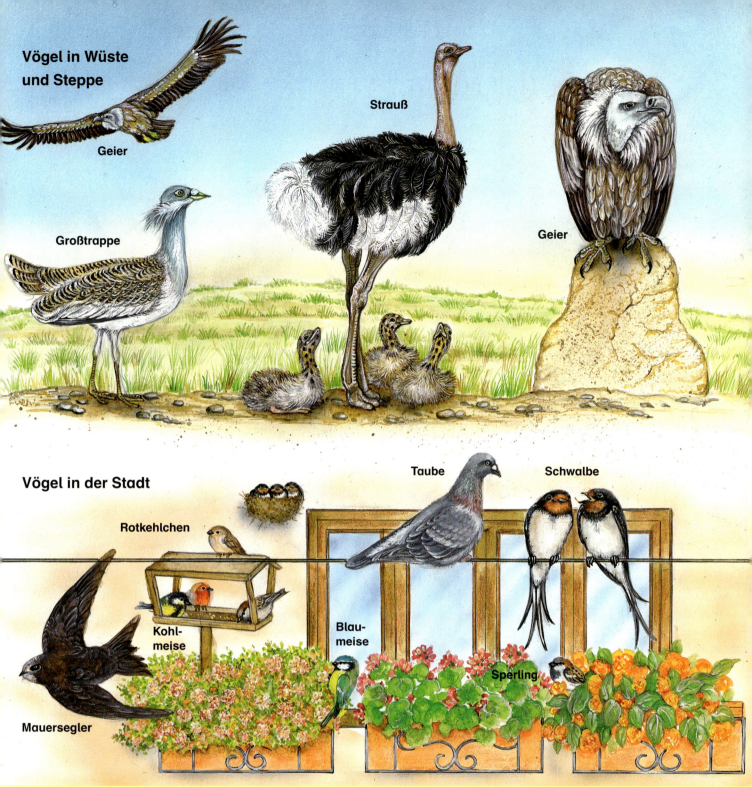

Hühnervögel sind gedrungene, meist am Boden lebende Scharrvögel mit kleinem Kopf. Ihre Beine sind kräftig, damit sie gut scharren können. Papageien leben in heißen Ländern. Sie haben einen gekrümmten Schnabel, mit dem sie Samen gut knacken können.

Die Lebensräume der Vögel
In Wald und Hecke leben Auerhuhn, Leierschwanz, Specht, Zaunkönig, Uhu, Meise und Bussard. Ein Vogel des Hochgebirges ist der Kondor. Er hat eine Spannweite von über 3 m. Auch der Adler lebt in Gebirgslandschaften. Er jagt nach Mäusen und größeren Säugetieren.

Vögel der Tropen sind Tukan und Ara. Der Schnabel des Tukans ist größer als sein Körper. In Wüste und Steppe leben Großtrappe, Strauß und Geier. Der Vogel Strauß kann nicht fliegen. Vögel der Stadt sind Mauersegler, Meisen, Rotkehlchen, Sperlinge, Tauben und Schwalben.

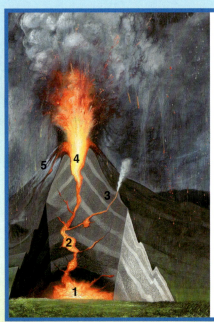

Tief im Erdinneren ist es so heiß, dass an manchen Stellen das Gestein schmilzt und sich als Magma in einer Magmakammer (1) sammelt. In dem Magma entstehen Gase, die das glühende Gestein durch die Risse und Spalten (2 und 3) in der Erdkruste nach oben drücken. Trifft es dort auf eine Schwachstelle, durchbricht es die Erdoberfläche und wird durch den Hauptkrater (4) herausgeschleudert. Magma, das an die Erdoberfläche tritt, nennt man Lava (5).

Lavabomben

Vulkane und Erdbeben

Vulkanausbruch

Vulkane brechen mit lautem Getöse aus. Es regnet Asche und Wolken hängen über dem Vulkan. Heiße Lava fließt die Hänge hinunter. Glühende Gesteinsbrocken (Lavabomben) fliegen durch die Luft. Die bergab fließende Lava erkaltet und baut zusammen mit der Asche allmählich den Vulkankegel auf. Wie ein glühend heißer Feuersturm ergießt sich das flüssige Gestein talwärts und verschlingt auf seinem Weg Bäume und manchmal sogar ganze Dörfer.

Häufig entstehen Vulkane, wenn die Erdplatten der Kontinente aufeinander stoßen oder auseinander geschoben werden.
Es bilden sich anschließend Risse im Gestein, durch die das heiße Magma aufsteigen kann.

Aschewolken · Wasserdampf · Krater · Vulkankegel · Lava

Wenn kein Magma mehr vorhanden ist, erlöschen Vulkane. Manchmal erwachen erloschen geglaubte Vulkane aber auch wieder zum Leben. Besonders wenn der Schlot verstopft ist, kann es zu gewaltigen Explosionen kommen. Manchmal wird dann sogar der gesamte Gipfel des Vulkans weggesprengt.

Der Vesuv bei Neapel in Italien ist ein besonders gefährlicher Vulkan. Bereits im Jahr 79 nach Christus begrub er bei einem heftigen Ausbruch die römische Stadt Pompeji unter einem Berg von Asche. Der Vulkan kann jederzeit wieder ausbrechen. Deshalb wird er von Vulkanforschern ständig beobachtet.

Erdbeben
Die Erdkruste besteht aus Platten, die sich bewegen und sich dabei verkanten können. Wenn die Spannung zu groß wird, löst sie sich durch einen Ruck, und der Boden bebt. Besonders häufig sind Erdbeben in Italien, im Iran, in Asien und entlang der Pazifikküste von Amerika.

Wald

Der Wald ist eine große Lebensgemeinschaft aus Tieren und Pflanzen. Hier ist ein mitteleuropäischer Mischwald abgebildet. Nadelbäume haben das ganze Jahr über schmale Blätter. Die Blätter der Laubbäume fallen im Herbst ab.

Wälder bieten nicht nur Nahrung, Erholung und wertvolles Holz. Hier wird auch fast der gesamte Sauerstoff, den wir zum Atmen benötigen, produziert. Die Blätter der Bäume filtern Staub und Schmutz aus der Luft.

Gefahren für den Wald
Durch die Verschmutzung der Luft ist der Wald gefährdet. Schadstoffe aus Autos oder Fabriken gelangen in die Luft. Mit dem Regen fallen sie wieder auf die Erde. Die Bäume werden durch das belastete

Wasser anfällig für Krankheiten und Schädlinge wie den Borkenkäfer.

Tiere im Wald
Der Rothirsch ist der größte Bewohner des Waldes. Füchse und Dachse kommen erst nachts aus ihrem Versteck und gehen auf die Jagd. Waschbären aus Nordamerika leben noch nicht lange bei uns. Am Waldrand und auf dem Waldboden gibt es viele Insekten, Käfer und Kleintiere.

Die Arbeit des Försters
Der Förster sorgt dafür, dass ein Wald gesund bleibt. Er lässt alte und kranke Bäume ausforsten und neue Bäume anpflanzen. Im Frühjahr werden neue Pflanzungen angelegt. Sie müssen eingezäunt werden, weil sich Rehe gerne an jungen Bäumen reiben und sie dabei beschädigen.
In harten Wintern füttert der Förster die Tiere mit Heu, Kastanien und Salz.

Wale und Delfine

Obwohl Wale und Delfine wie Fische aussehen, sind sie dennoch Säugetiere. Sie atmen nicht über Kiemen, sondern mit den Lungen. Zum Luftholen müssen sie an die Wasseroberfläche auftauchen. Manche Wale können ohne einzuatmen bis zu zwei Stunden unter Wasser bleiben. Wale und Delfine gebären lebende Junge und säugen sie. An Land können Wale nicht lange überleben. Ihr Gewicht erdrückt sie. Wale werden gejagt und sind in ihrem Bestand bedroht.

Bartenwale
Sie filtern mit ihren Barten zentimetergroße Kleinkrebse aus dem Wasser. Barten sind zerfaserte, hornige Platten, die vom Gaumen des Wales herabhängen. Die Barten der Glattwale können fast 4,50 m lang

Flussdelfine leben im Süßwasser. Sie können nur schlecht sehen. Ihr Schnabel ist pinzettenartig. Im trüben, tropischen Flusswasser jagen sie nach Krebsen, Fischen und Weichtieren.

Blauwal (35 m)

werden. Zu den Bartenwalen gehört unter anderem der riesige Blauwal. Er ist mit 35 m Länge und bis zu 190 t Gewicht das größte Tier der Erde.

Zahnwale
Zahnwale sind Raubtiere. Sie haben im Unterschied zu den Bartenwalen Zähne in ihrem Kiefer. Delfine können bis zu 100 Zähne haben. Damit erbeuten sie Fische und Tintenfische, manchmal auch andere Meeressäuger. Flussdelfine, Delfine, Schweinswale, Pottwale und Schnabelwale gehören zu den Zahnwalen. Bis auf den Pottwal werden die Zahnwale nur mittelgroß. Durch unterschiedliche Laute können sie sich miteinander verständigen. Man sagt dazu auch, die Wale „singen". Der Große Tümmler ist der bekannteste aller Delfine. Der Schweinswal gehört zu den kleinsten Walen. An den wildschweinartigen Zähnen erkennt man den Schnabelwal. Der Pottwal taucht über 2000 m tief.

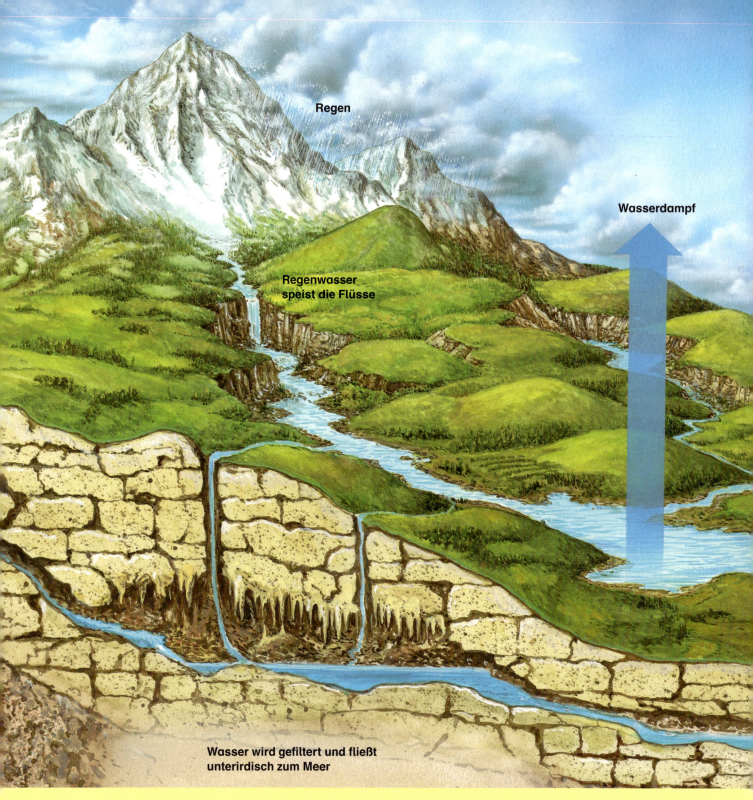

Wasserkreislauf

Ohne Wasser gibt es kein Leben auf der Welt. Pflanzen brauchen Wasser, um zu wachsen. Mensch und Tier benötigen es, um zu überleben. Alles Wasser, das als Regen, Schnee oder Hagel vom Himmel fällt, ist Teil eines endlosen Kreislaufes.

Der Kreislauf
Die Sonne erwärmt die Oberfläche von Meeren, Seen und Flüssen. Dabei verdunstet Wasser und steigt als Wasserdampf in die Luft. Aus dem Wasserdampf bilden sich winzig kleine Tröpfchen, die in der Luft schweben. Allmählich verdichten sie sich zu Wolken. Die Wolken werden von Luftströmungen und Winden über die Erde getrieben und nehmen immer neuen Wasserdampf auf. Wenn sie kein neues Wasser mehr aufnehmen können, fällt

aus den Wolken Regen. Ist die Luft sehr kalt, gefriert das Wasser in den Wolken. Es schneit oder hagelt. Das Regenwasser versickert in der Erde oder sammelt sich in den Gewässern. Auf seinem Weg durch die verschiedenen Erdschichten wird das Regenwasser gefiltert und von Schmutzteilchen gereinigt. Es ist dann glasklar und bildet Quellen, die kleine Rinnsale speisen. Diese fließen in Bäche, die wiederum in Flüsse strömen. Nach vielen Kilometern münden die Flüsse schließlich ins Meer. Schon während dieser Reise verdunstet wieder Wasser und der Kreislauf beginnt von neuem.

Wie kommt das Salz ins Meer?

In den Gesteinen der Erdkruste ist Salz enthalten. Durch Verwitterung wird es freigesetzt und von den Flüssen ins Meer gespült. Dort ist so viel Salz, dass man das gesamte Festland mit einer 150 m dicken Salzschicht bedecken könnte.

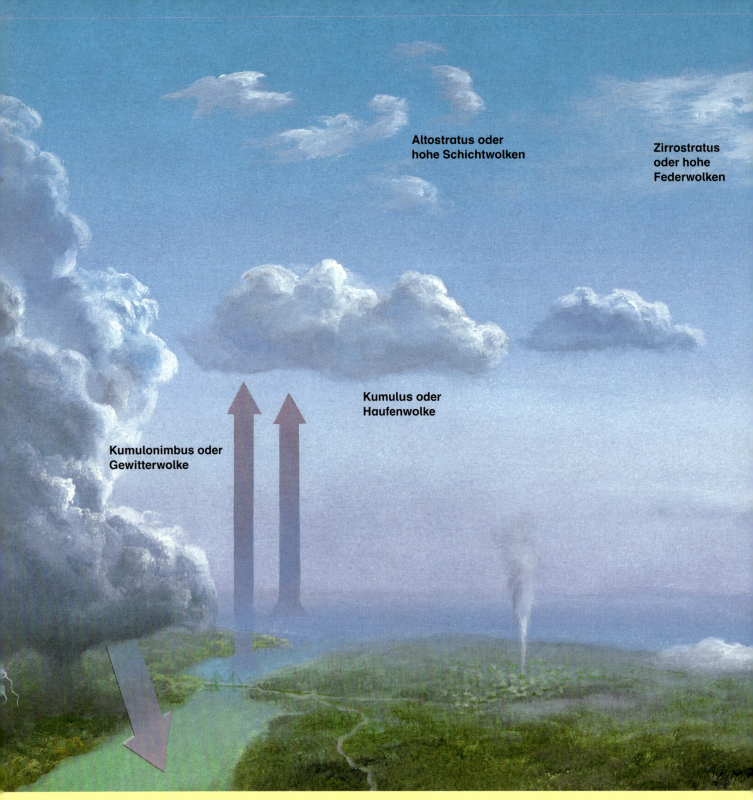

Wetter und Wolken

Innerhalb weniger Augenblicke kann sich bei uns das Wetter ändern. Während eben noch die Sonne schien, ziehen plötzlich Wolken auf. Der Wind frischt auf und bringt heftige Regenschauer mit. Der Grund für das wechselnde Wetter liegt in der Erddrehung und in der Sonne. Die Sonne erwärmt die Erde und die Luft, sodass Luftströmungen und Winde entstehen. Mit der warmen Luft wird über den Meeren auch Wasserdampf aufgenommen. Es bilden sich Wolken. Ein Gewitter entsteht meist an schwülen Sommertagen. Feuchte Warmluft steigt auf. Es bilden sich riesige, blumenkohlähnliche Gewitterwolken. Wassertropfen und Eiskristalle in ihrem Innern fallen als Regen oder Hagel auf die Erde.

Zirrokumulus oder
Federhaufenwolken

Altokumulus oder
hohe Haufenwolken

Stratokumulus oder
Schichthaufenwolke

Nimbostratus oder
Regenschichtwolke

Stratus oder
Schichtwolke

In Gewitterwolken bilden sich starke elektrische Ladungen. Wird die Spannung zu groß, kommt es zu Funkenentladungen. Das sind die Blitze. Dabei erhitzt sich die Luft. Wenn sie mit der kalten Luft zusammenstößt, donnert es.

So entstehen Wolken
Wenn Wasser verdunstet, bildet sich Wasserdampf, der mit der Luft aufsteigt. Je höher die Luft steigt, desto kühler wird sie. Der Wasserdampf lagert sich an kleine Staubteilchen in der Luft an und bildet Wassertröpfchen. Diesen Vorgang nennt man Kondensation. Eine Regenwolke enthält sehr viele Wassertröpfchen, die miteinander verschmelzen. Irgendwann sind die Tropfen so schwer, dass sie als Regen herabfallen. Wolken werden nach ihrem Aussehen benannt. Es gibt Haufenwolken (Kumulus), Schichtwolken (Stratus) und Federwolken (Zirrus).

169

Wikinger

Zwischen dem 8. und 11. Jahrhundert unternahmen Kriegerscharen aus Norwegen, Schweden und Dänemark mit ihren Langschiffen Raubzüge. Man nannte diese Krieger Wikinger. Die Wikinger hatten keinen König. Sie waren ein Verbund kleiner Gemeinschaften unter der Führung eines Häuptlings. Ab und zu fand ein Thing statt. Das war eine Versammlung, auf der Entscheidungen getroffen wurden. Die Wikinger waren gute Schiffsbauer. In den Langschiffen fanden bis zu 60 Krieger Platz. Sie mussten Ruder und Segel bedienen. Bug und Heck des Schiffes waren hochgezogen. Der Schiffsschnabel war oft mit einem Drachenkopf verziert. Leif Eriksson ruderte um 1000 von Grönland aus los und entdeckte Nordamerika.

Wikingersiedlung

Wikingersiedlungen und Höfe
Manche Wikingersiedlungen waren so groß wie Städte. Die meisten Wikinger lebten jedoch auf Bauernhöfen. Während die Männer auf Raubzügen waren, übernahmen die Frauen die Verantwortung für den Hof. Die Wikinger bauten alles an, was die Familie täglich brauchte.

Die Raubzüge der Wikinger
Der Anblick eines bewaffneten Wikingers muss Furcht erregend gewesen sein. Sie kämpften mit Streitäxten und Schwertern, aber auch mit Pfeil und Bogen sowie Speeren. Ihre Helme hatten meist einen Augen- und Nasenschutz. Am Anfang überfielen die Wikinger nur Küstenstädte, Klöster oder abgelegene Bauerndörfer. Doch schon bald besetzten sie auch Gebiete im Inland. Die Wikinger, die in Russland einfielen, hießen Waräger. Einige Wikinger ließen sich auch in der französischen Normandie nieder. 1066 eroberten die Normannen ganz England.

Wohnungen der Tiere

Das Leben von Tieren wird durch bestimmte Verhaltensweisen geprägt. Man nennt dies Instinkt. Das ist der angeborene Drang, auf Reize wie Hunger oder Gefahr mit bestimmten Handlungen zu antworten. Alle Instinkthandlungen dienen der Erhaltung der Art. Dazu gehört zum Beispiel alles, was mit der Fortpflanzung zu tun hat: das Werben um einen geeigneten Partner, das Bauen eines Nestes oder Unterschlupfes, das Brüten und Aufziehen der Jungen.

Tierbehausungen
Bienen bauen sich an Ästen oder in Baumhöhlen Waben aus Wachs. Die Königin legt in die Zellen der Waben ihre Eier. Die ausgeschlüpften Maden werden von den Stockbienen mit Honig und Pollen gefüttert.

Eichhörnchenkobel

Höhle des Bären

Nest der Zwergmaus

Nest des Maulwurfs

Nest der Stichlinge

Diesen zu sammeln ist Aufgabe der Flugbienen. Ameisen errichten einen Ameisenbau. Er ist durchzogen von Kammern und Gängen. Darin befinden sich die Königin, die Vorräte und die Brut. Der Schneidervogel aus Südostasien „näht" sich mit Baumwollfäden sein Nest aus ein oder zwei großen Blättern. Störche bauen ihre Nester auf Kirchtürmen oder Dächern. Die Kreuzspinne sitzt meist in der Mitte ihres großen Radnetzes. Dort wartet sie auf Beute. Stichlinge bauen sich aus Seegras Nester für ihre Brut. Die runden Nester der Eichhörnchen liegen in den Baumkronen. Man nennt sie Kobel. Im Sommer bauen sich Zwergmäuse Nester mit einem winzigen Eingang. Es hängt an starken Halmen. Wie ein Labyrinth durchziehen die Gänge eines Maulwurfs die Erde. Für seinen Nachwuchs baut er darin ein Nest aus Blättern und Moos. Bären halten in Höhlen Winterschlaf.

Wüste

Ungefähr ein Drittel des Festlandes der Erde besteht aus Wüsten. Da die Luft dort warm und trocken ist, bilden sich keine Wolken. Es fällt fast kein Regen. Darum wachsen dort kaum Pflanzen. So heiß es tagsüber ist, so kalt wird es nachts.

In vielen Wüsten häuft der Wind bis zu 100 m hohe Hügel aus Sand auf. Aber nicht alle Wüsten bestehen aus Sand. Es gibt auch Gesteins- und Schotterwüsten mit Salzseen. Neben diesen Trockenwüsten gibt es Kältewüsten.

Wasser und Nahrung sind sehr knapp. Trotz der lebensfeindlichen Umstände leben Tiere in Wüsten. Manchen von ihnen reicht der Tau der Nacht zum Überleben. Andere trinken vom Wasser, das sie in den wenigen fruchtbaren Oasen finden.

Tagaktive Wüstentiere

Das Dromedar kann sehr lange ohne Nahrung und Wasser auskommen, weil es in seinem Höcker Fett speichern kann. Die Oryxantilope heißt wegen ihrer langen Hörner auch Spießbock. Der scheue Riesenskorpion sticht nur selten mit seinem Giftstachel.

Die Sandotter ist eine Giftschlange. Sie ist auffällig gemustert.

Nachtaktive Wüstentiere

Die Klapperschlange lebt in den Wüsten der südlichen USA. Sie jagt nachts nach kleinen Nagetieren. Die Gila-Krustenechse ist eine giftige Echsenart. Die großen Ohren des Fennek hören jedes Geräusch. Die Nahrung der Wüstenspringmaus sind Insekten. Die Tarantel tötet ihre Beute mit dem Giftstachel. Schakale gehen meist zu zweit auf die Jagd. Die Fledermaus orientiert sich durch Echoortung. Der Elfenkauz ist eine der kleinsten Eulen.

Zugtiere

Nonnengänse haben ihre Brutplätze in Grönland und im Russischen Eismeer. Dort nisten sie im Sommer auf Felsen und Geröllfeldern. Im Herbst ziehen sie Richtung Süden. Dabei legen sie mehr als 4000 km zurück.

Zugvögel
Einige Vogelarten wie die Nonnengänse, Stare und Störche fliegen jedes Jahr mehrere tausend Kilometer, um zu ihren Brutplätzen zurückzukehren. Dabei verirren sie sich nie. Sie orientieren sich auf ihrem Flug in die Heimat an Sonne, Mond und Sternen, aber auch an Landmarken wie Flusstälern, Gebirgen und Meeresküsten. Außerdem verfügen sie über eine Art innere Landkarte, weil sie die magnetischen Kraftlinien der Erde wahrnehmen können.

Nonnengänse

Andere Zugtiere

Buckelwale (1) ziehen auf der Suche nach großen Fischschwärmen oft hunderte von Kilometern durch das Meer.
Aale (2) werden im Atlantik, in der Sargassosee, geboren. Sobald sie ausgeschlüpft sind, schwärmen sie in alle Teile der Welt aus. Dabei entfernen sie sich bis zu 6000 km von ihrem Geburtsort. Kurz vor ihrem Tod kehren sie dorthin zurück, um wieder zu laichen.

Wanderheuschrecken (3) werden vom Wind getrieben. Alle paar Jahre bilden sich riesige Schwärme, die 20 Stunden fliegen und Strecken von bis zu 5000 km zurücklegen können. Auf ihrem Flug fressen sie ganze Landstriche leer.

Anhang

- **Gedicht**
- **Bildersuchrätsel**
- **Leserätsel**
- **Worterklärungen**
- **Hast du das gewusst?**
- **Internetadressen**
- **Register**

Über die Erde

Über die Erde
sollst du barfuß gehen.
Zieh die Schuhe aus,
Schuhe machen dich blind.
Du kannst doch den Weg
mit deinen Zehen sehen.
Auch das Wasser
und den Wind.

Sollst mit deinen Sohlen
die Steine berühren,
mit ganz nackter Haut.
Dann wirst du bald spüren,
dass dir die Erde vertraut.

Spür das nasse Gras
unter deinen Füßen
und den trockenen Staub.
Lass dir vom Moos
die Sohlen streicheln
und küssen
und fühl
das Knistern im Laub.

Steig hinein,
steig hinein in den Bach
und lauf aufwärts
dem Wasser entgegen.
Halt dein Gesicht
unter den Wasserfall.
Und dann sollst du dich
in die Sonne legen.

Leg deine Wange
an die Erde,
riech ihren Duft und spür,
wie aufsteigt aus ihr
eine ganz große Ruh'.
Und dann ist die Erde
ganz nah bei dir,
und du weißt:
Du bist ein Teil von Allem
und gehörst dazu.

Martin Auer

Leserätsel

1. Wohin fliegen die Zugvögel?
T An den Südpol
W Nach Afrika
R An den Nordpol

2. Wo stehen die Pyramiden?
I In Ägypten
M In Griechenland
A In Österreich

3. Wo lebten die Burgherren?
J Im Verließ
R In der Vorburg
S Im Palas

4. Was ist ein Zeppelin?
X Ein Hubschrauber
S Ein Luftschiff
B Ein Ballon

5. Wie schwimmen Wasservögel?
E Sie haben Schwimmhäute zwischen den Zehen.
Z Sie haben einen Schwimmkurs gemacht.
Ü Sie haben sehr schnelle Beine.

6. Was war ein Pteranodon?
N Ein Flugsaurier
M Ein Krokodil
O Ein Hai

7. Welche Uhr zeigt die Zeit am genauesten an?
K Eine Armbanduhr
P Die Eieruhr
M Die Atomuhr

8. Welches ist das größte Tier im Wald?
S Wildschwein
I Rothirsch
E Fuchs

9. Wie heißt der Raum im Theater, wo sich die Schauspieler umkleiden?
T Garderobe
V Bühne
B Orchestergraben

10. Welcher Planet ist unser Nachbar?
S Venus
W Sonne
A Merkur

11. Im Regenwald gibt es …
I … keine Tiere
P … die meisten Tiere und Pflanzen
R … wenig Tiere und Pflanzen

12. Ein Laubbaum …
F … wirft seine Blätter niemals ab.
K … wirft seine Blätter bei Regen ab.
A … wirft seine Blätter im Herbst ab.

13. Warum können Tiere in der Arktis und Antarktis überleben?
S Sie haben eine Fettschicht und ein dickes Fell.
U Sie machen sich ein warmes Feuer.
L Sie trinken heißen Tee.

14. Was ist das Cockpit eines Flugzeugs?
V Hier wird Kaffee gekocht.
S Hier sitzt der Pilot.
C Die Toilette

| | | S | | | | | I | | | | P | | |

Lösungswort auf Seite 200

Worterklärungen

Äquator: Der Äquator ist eine gedachte Linie um die breiteste Stelle der Erde herum. Er teilt die Erdkugel in die nördliche und die südliche Hälfte.

Atmosphäre: Die Gashülle um die Erde herum enthält den Sauerstoff, den wir zum Leben benötigen. Insgesamt ist die Atmosphäre etwa 1000 Kilometer hoch.

Demokratie: So nennt man die Herrschaftsform, bei der die Bevölkerung eines Landes die Regierung durch Wahlen selbst bestimmt. Erstmals in Griechenland stimmte das Volk auf großen Versammlungen über wichtige Entscheidungen ab. Die Mehrheit bestimmte, was geschehen sollte.

Energie: Zur Stromerzeugung nutzt man die Energie, die bei der Verbrennung von Kohle, Erdöl, Erdgas, durch Atom-, Wasser- oder Windkraft entsteht.

Erdachse: Die Erdachse ist eine gedachte Linie, die den Nord- und den Südpol miteinander verbindet.

Erdbeben: Bei einem Erdbeben bewegt sich die Erdoberfläche. Wenn sich die Erdplatten verschieben, kann es zu starken Erdbeben kommen. Der Boden erzittert und Häuser und Straßen können einstürzen.

Fernsehen: Im Fernsehen kann man Kindersendungen, Spielfilme, Tierfilme, Nachrichten oder den Wetterbericht ansehen. Durch das Fernsehen wird man sehr schnell über Ereignisse informiert, zum Beispiel über ein Unglück oder große Sportveranstaltungen.

Fleischfresser: Das sind Tiere, die sich überwiegend vom Fleisch anderer Tiere ernähren, zum Beispiel Hunde, Katzen, Marder oder Bären.

Gewitter: Gewitter entstehen, wenn sehr warme und sehr kalte Luftmassen aufeinander treffen. In den großen Gewitterwolken bauen sich hohe elektrische Spannungen auf. Sie entladen sich durch Blitze. Blitze erhitzen die Luft um sich herum so stark, dass sich diese rasch ausbreitet. Das hört man als Donner.

Hieroglyphen: Die Zeichen, die die Ägypter als Schrift entwickelten, sahen aus wie kleine Bilder.

Hochhaus: Hochhäuser werden vor allem in Großstädten gebaut, wo es wenig Flächen für neue Gebäude gibt. Ein Hochhaus hat viele Stockwerke und ist durch Stahlbetonpfähle geschützt gegen Erdbeben oder Orkane. Mit Aufzügen oder zu Fuß über die Treppen gelangt man in die einzelnen Etagen. Das höchste Gebäude der Welt ist das 508 Meter hohe Taipei Financial Center in Taiwan.

Hydraulik: Die meisten Teile an Baumaschinen bewegen sich hydraulisch. Das Heben und Senken von Bauteilen geschieht mithilfe von Flüssigkeiten, zum Beispiel Öl.

Indianer: Die Ureinwohner von Nord-, Mittel- und Südamerika. Sie lebten in verschiedenen Stämmen über ganz Amerika verteilt. Der Name geht zurück auf Christoph Kolumbus, der irrtümlich annahm, er sei in Indien gelandet, als er Amerika entdeckte.

Internet: Das Internet ist ein weltumspannendes Computernetzwerk. Das Netzwerk verbindet weltweit Millionen von Computern. Über das Internet kann man E-Mails, Musik oder Bilder empfangen oder senden.

Kaltblüter: Kaltblüter sind Tiere, die keine gleich bleibende Körpertemperatur haben. Ihr Blut hat immer die Temperatur der Umgebung. Kaltblüter sind zum Beispiel Reptilien und Amphibien.

Klima: Das Wetter, das über einen längeren Zeitraum an einem Ort herrscht.

Kondensieren: Wasser verdunstet und steigt als Wasserdampf auf. Wenn der Wasserdampf abkühlt, wird er wieder flüssig. Er bildet kleine Tröpfchen, die als Regen zur Erde fallen.

Komponist: Ein Komponist erfindet neue Melodien für Lieder, Orchesterwerke, Opern oder Musicals.

Kontinente: Auf der Erde gibt es sieben Kontinente: Europa, Asien, Afrika, Nord- und Südamerika, Australien und die Antarktis. Die Kontinente liegen auf großen Platten. Sie sind wie große Puzzleteile und bewegen sich ständig. Wenn sie zusammenstoßen, kommt es zu Erdbeben, Vulkanausbrüchen oder Flutwellen.

Kraftwerke: In Kraftwerken wird elektrischer Strom erzeugt. In Kohlekraftwerken wird Kohle verbrannt. Dadurch entsteht Energie, die in elektrischen Strom umgewandelt wird. Dabei werden Abgase freigesetzt, die die Umwelt belasten. Umweltverträglicher sind Kraftwerke, die keine Rohstoffe verbrennen. Wasser- und Windkraftwerke verwandeln die Bewegungsenergie von Wasser und Wind in Strom. In Sonnenkraftwerken wird die Energie der Sonne für die Stromerzeugung genutzt.

Larve: So nennt man das Jungtier vieler Insektenarten, zum Beispiel bei Schmetterlingen. Die Larve sieht anders aus als das erwachsene Tier. Die Larven von Schmetterlingen heißen Raupen, die von Fliegen und Käfern nennt man Maden.

Lebensraum: Überall auf der Erde gibt es ein unterschiedliches Klima: In einigen Gebieten ist es sehr kalt oder sehr heiß, in anderen regnet es häufig oder die Sonne scheint häufig. Regenwälder, Hochgebirge oder Wüsten sind einige der Lebensräume auf der Erde. Tiere und Pflanzen, die in einem bestimmten Lebensraum leben, sind gut an das Klima angepasst und kommen mit dem Angebot an Nahrung aus.

Orchester: In einem Orchester spielen viele Musiker gemeinsam auf unterschiedlichen Instrumenten. Es gibt vier Gruppen von Instrumenten: Streicher, Holzblasinstrumente, Blechblasinstrumente und Schlaginstrumente. Der Dirigent leitet das Zusammenspiel der Musiker.

Pflanzenfresser: Das sind die Tiere, die sich nur von Gras und Blättern von Bäumen und Sträuchern ernähren, zum Beispiel Pferde, Kühe, Giraffen oder Elefanten.

Planeten: Kugelförmige Himmelskörper aus Gestein oder Gas, die um einen Stern kreisen, nennt man Planeten.

Polargebiet: Die Arktis im Norden und die Antarktis im Süden bilden die Pole der Erde. Man nennt sie auch Polargebiete. Dort ist es immer sehr kalt, sodass nur wenige Pflanzen dort leben. Die Tiere sind gut an die Kälte angepasst.

Pyramiden: Die alten Ägypter errichteten die große Bauwerke als Grabmale für ihre Könige, die Pharaonen. Der Erfinder der Pyramiden war der ägyptische Architekt Imhotep.

Radar: Ein Radargerät sendet Wellen aus. Sobald die Wellen auf einen Gegenstand treffen, werden sie wie ein Echo zurückgeworfen. Dieses wird auf dem Bildschirm des Radargerätes als Lichtsignal sichtbar. Daran kann man erkennen, wie weit entfernt ein Gegenstand ist und ob er sich bewegt. Radar wird auf Schiffen und Flugzeugen eingesetzt, um rechtzeitig andere Schiffe oder Flugzeuge erkennen zu können. Es dient auch dazu, Unwetter frühzeitig zu entdecken.

Raketen: Die Raumfahrzeuge, die ins All fliegen, werden von den stärksten Motoren angetrieben, die es gibt. Weltraumraketen haben mehrere Raketentriebwerke, die so genannten Stufen. Diese werden nacheinander gezündet und abgeworfen, sobald der Treibstoff verbrannt ist.

Raubtiere: So werden Tiere bezeichnet, die andere Tiere jagen und fressen. Dazu gehören zum Beispiel Krokodile, Haie oder Löwen.

Raumfahrt: Mit bemannten Spaceshuttles und unbemannten Satelliten werden das Weltall und seine Planeten erforscht. Manche Forscher halten sich längere Zeit in Weltraumstationen auf. Das sind große Forschungslabors im All, in denen man wohnen kann.

Regenwald: Die tropischen Regenwälder wachsen nur nördlich und südlich des Äquators. Diese Wälder findet man in Süd- und Mittelamerika, Afrika und in einigen Gebieten Asiens. Über die Hälfte der bekannten Tier- und Pflanzenarten leben im Regenwald.

Römisches Reich: Das Reich der Römer war eines der mächtigsten Reiche im Altertum. Auf dem Höhepunkt seiner Macht reichte es von Nordafrika im Süden bis nach Germanien im Norden. Rom war die Hauptstadt des Reiches. Es war im Altertum die größte Stadt der Welt. Die römische Kultur verbreitete sich in ganz Europa. Noch heute kann man römische Bauwerke besichtigen, zum Beispiel Wasserleitungen, Brücken oder große Gebäude.

Satellit: Satelliten werden mit Raketen in die Umlaufbahnen von Planeten geschossen. Manche sind mit Kameras ausgerüstet, mit denen sie Bilder von der Oberfläche der Planeten machen. Diese schicken sie zur Erde. Wettersatelliten liefern Daten über das Wetter. Nachrichtensatelliten übertragen Signale für das Fernsehen oder das Telefon.

Säugetiere: Das sind Tiere, die lebende Junge zur Welt bringen. Die Jungtiere werden von der Mutter mit Milch gesäugt.

Seefahrer: Eine andere Bezeichnung für Seefahrer ist Entdecker. Bedeutende Seefahrer wie Christoph Kolumbus oder Vasco da Gama entdeckten neue Kontinente oder Seewege. Seefahrern wie Fernando Magellan oder James Cook gelangen die ersten Weltumsegelungen. Auch die Wikinger fuhren auf ihren Entdeckungsfahrten über die Meere. Leif Eriksson entdeckte noch vor Kolumbus den amerikanischen Kontinent.

Sonnensystem: Neun Planeten umkreisen die Sonne. Sie bilden das Sonnensystem. Mit einem Satz kann man sich die Planeten unseres Sonnensystems in der Reihenfolge ihrer Entfernung von der Sonne merken: **M**ein **V**ater **e**rklärt **m**ir **j**eden **S**onntag **u**nsere **n**eun **P**laneten (Merkur, Venus, Erde, Mars, Jupiter, Saturn, Uranus, Neptun, Pluto).

Spaceshuttle: Ein Raumfahrzeug, das wie eine Rakete ins Weltall startet und wie ein Flugzeug wieder auf der Erde landet

Steinzeit: So nennt man den Abschnitt in der Geschichte der Menschheit, in der die Menschen noch kein Metall kannten. Die ersten Menschen stellten einfache Waffen und Werkzeuge aus Stein, Holz oder Knochen her. In Höhlen fanden die Menschen Schutz. Nach der Steinzeit folgten die Bronze- und die Eisenzeit.

Sterne: Sterne sind riesige, heiße Gasbälle wie zum Beispiel die Sonne. Sie strahlen ihre Energie und ihr Licht weit in das Weltall hinaus. Irgendwann erlöschen sie, das heißt sie geben keine Energie mehr ab. Sie erkalten und werden immer kleiner.

Strom: Elektrischer Strom liefert die Energie für viele Haushaltsgeräte, Computer, Radio und Fernseher oder die Straßenbeleuchtung.

Tarnung: Viele Tiere schützen sich vor Feinden durch Farben oder Muster. Manche Tiere nehmen die Farbe von Laub an, wieder andere haben Streifen und Flecken. Ein Zebra ist zum Beispiel in der Herde nur schwer zu sehen, weil sich seine Umrisse in der Vielzahl der gestreiften Tiere verlieren.

Theater: Mit dem Begriff Theater werden Oper, Musical und Operette, Tanz- und Sprechtheater bezeichnet. Auch das Gebäude, in dem die Vorstellungen stattfinden, nennt man Theater.

Tundra: Die Tundra schließt sich südlich an die Polargebiete an. Sie liegt im Norden von Nordamerika, Europa und Russland. Dort ist es so kalt, dass keine Bäume mehr wachsen. In der Tundra gibt es Moose und niedrige Sträucher. Hier leben nur wenige Tiere, zum Beispiel Bären, Schneehasen oder Wölfe.

Umlaufbahn: So nennt man die Bahn, auf der sich ein Himmelskörper um einen anderen herum bewegt. Die Planeten bewegen sich auf Umlaufbahnen um die Sonne, Satelliten umkreisen die Erde. Der Mond bewegt sich ebenfalls um die Erde herum.

Umlaufzeit: Das ist die Zeit, die ein Planet benötigt, um einmal die Sonne zu umrunden. Die Erde braucht dazu 365 Tage.

Verkehrsmittel: Mit Bussen, Straßenbahnen, der U-Bahn oder der S-Bahn kommt man in Städten schnell zum Ziel. Es ist umweltfreundlich, wenn viele Personen mit einem Verkehrsmittel fahren statt jeder mit dem eigenen Auto. Die Verkehrsmittel fahren in regelmäßigen Abständen. Vor dem Zusteigen muss man eine Fahrkarte kaufen.

Vermehrung: Pflanzen vermehren sich, indem sie ihre Samen durch Wind, Wasser oder Tiere verbreiten.

Warmblüter: Warmblüter sind Tiere, deren Körpertemperatur immer gleich bleibt. Vögel und Säugetiere gehören zu den Warmblütern.

Wolkenkratzer: Das ist eine andere Bezeichnung für Hochhäuser. Gemeint ist: Die Häuser sind so hoch, dass sie die Wolken berühren.

Zelle: Alle Lebewesen bestehen aus Zellen. Selbst ein Stück unserer Haut setzt sich aus Millionen von Zellen zusammen. Es gibt Haut-, Muskel-, Knochen- oder Nervenzellen. Der menschliche Körper besteht aus über 100 000 Milliarden Zellen. Wenn eine Eizelle der Frau und eine Samenzelle des Mannes miteinander verschmelzen, entsteht neues Leben.

Hast du das gewusst?

Wusstest du schon, dass …

… ein Elefant so viel wiegt wie acht Autos?

… ein Blauwal so schwer ist wie 25 Elefanten?

… die Erde am Anfang ihrer Entstehungszeit ein Feuerball aus heißer Lava war?

… das kleinste Rad der Welt für medizinische Geräte benutzt wird?

… die Meere fast Dreiviertel der Erdoberfläche bedecken?

… 1969 der erste Mensch den Mond betrat?

… der Strauß das schnellste auf zwei Beinen laufende Tier der Erde ist?

… die meisten Burgen in Europa stehen?

… Reis das Hauptnahrungsmittel der Menschen in Asien ist?

… die Ägypter 90 Pyramiden errichteten? Auch die Inka in Südamerika bauten Pyramiden mit vielen Stufen.

… ein Straußen-Ei bis zu 1,5 Kilogramm schwer werden kann?

… über 400 Millionen Menschen rund um den Erdball das Internet nutzen?

… schon vor 600 Jahren die ersten Lesebrillen hergestellt wurden?

… manche Zugvögel im Lauf ihres Lebens eine Strecke zurücklegen, die größer ist als der Abstand zwischen Erde und Mond?

… der Gepard das schnellste Tier der Erde ist? Er kann eine Geschwindigkeit von bis zu 120 Kilometer pro Stunde erreichen.

… die Mauern von Burgen mehrere Meter dick sein können?

… die Römer große Gebäude, Straßen und Wasserleitungen bauten? Sie hatten sogar schon Badeanstalten mit heißem Wasser.

… Ägypter, Griechen und Römer an viele verschiedene Götter glaubten?

… die Wikinger so gute Seefahrer waren, dass sie bei ihren Fahrten schon bis nach Amerika vordrangen?

… die verschiedenen Dinosaurier nicht auf allen Kontinenten

der Erde lebten? Viele fand man nur in Nordamerika, Afrika und Europa, andere nur in Afrika.

… die Krater auf dem Mond durch Einschläge von Meteoriten entstanden sind?

… die Libelle die größten Augen hat? Sie bestehen aus 40 000 Einzelaugen.

… Tag und Nacht durch die Drehung der Erde um die Sonne entstehen? Auf der Erdseite, die der Sonne zugewandt ist, herrscht Tag. Auf der Seite, die von der Sonne abgewandt liegt, ist Nacht.

… die Erde vor etwa 4,6 Milliarden Jahren entstanden ist?

… die Indianer keine Pferde kannten? Erst die weißen Einwanderer brachten Pferde auf den amerikanischen Kontinent.

… es über 1 Million verschiedener Insektenarten gibt? Das sind mehr als alle Säugetiere, Reptilien, Vögel und Fische zusammen.

… in Europa 40 verschiedene Sprachen gesprochen werden?

Internetadressen

Museen im Internet:
* Links zu Museen im Internet:
www.dhm.de/links.html
* Deutsches Historisches Museum Berlin:
www.dhm.de
* Deutsches Technikmuseum in Berlin:
www.dtmb.de
* Deutsches Museum in München:
www.deutsches-museum.de
* Germanisches Nationalmuseum in Nürnberg: www.gnm.de
* DB Museum im Verkehrsmuseum Nürnberg: www.dbmuseum.de
* Naturkundemuseum Senckenberg in Frankfurt: www.senckenberg.uni-frankfurt.de
* Staatliches Museum für Naturkunde Karlsruhe: http://www.smnk.de/
* Deutsches Hygiene-Museum Dresden:
www.dhmd.de
* Deutsches Bergbau-Museum in Bochum: www.bergbaumuseum.de
* Pfahlbaumuseum Unteruhldingen:
www.pfahlbauten.de
* Historisches Kupferbergwerk Fischbach: www.besucherbergwerk-fischbach.de
* Salzbergwerk bei Berchtesgaden:
www.salzbergwerk-berchtesgaden.de
* Zinngrube Ehrenfriedersdorf:
www.zinngrube.de
* Deutsches Schifffahrtsmuseum:
http://www.dsm.de
* Piratenmuseum in Wilhelmshaven:
http://www.piratenmuseum.de/
* Schloss Schönbrunn für Kinder:
http://www.schoenbrunn.at/kinder
* Das klingende Museum:
http://www.klingendes-museum.de/
* Naturhistorisches Museum Bern:
http://www-nmbe.unibe.ch/
* Sauriermuseum Aathal:
http://www.sauriermuseum.ch/
* Technorama Winterthur:
http://www.technorama.ch/home/
* Naturhistorisches Museum Wien:
http://www.nhm-wien.ac.at/
* Technisches Museum Wien:
http://www.tmw.at/
* Zeppelin Museum Friedrichshafen:
http://www.zeppelin-museum.de
* Staatliches Museum für Naturkunde Stuttgart: http://www.naturkunde-museum-bw.de/stuttgart

Suchmaschinen:
* Abacho:
http://www.eule.de
* AltaVista:
http://www.altavista.de
* Dino-Online:
http://www.dino-online.de
* Yahoo:
http://www.yahoo.de

* Google:
http://www.google.de
* Lycos:
http://www.lycos.de

Suchmaschinen für Kinder:
* Blinde Kuh:
http://www.blinde-kuh.de
* Milkmoon:
http://www.milkmoon.de
* Trampeltier:
http://www.trampeltier.de
* Spielstraße:
http://www.spielstrasse.de
* Clikks:
http://www.kindercampus.de/clikks/
* Helles Köpfchen:
http://www.helles-koepfchen.de

Flugzeuge:
* Die Rückkehr der Zeppeline:
http://www.quarks.de/zeppeline/index.htm
* Geschichte der Hubschrauber:
http://www.gnatoga.ch/fliegen/geschichte/geschichte.htm
* Geschichte der Luftfahrt:
http://www.luftfahrtgeschichte.com/

Autos, Züge, Schiffe:
* Hier kannst du mit Octa, Fabi und Felio die Welt der Autos entdecken:
http://www.autokids.de
* Die Autolernwerkstatt:
http://www.autolernwerkstatt.de/
* Jede Menge Bilder von Eisenbahnen und Modellbahnen:
http://www.eisenbahnbildarchiv.de/
* Alte Passagierschiffe:
http://www.lostliners.de/

Erde und Weltraum:
* Flieg mit ins Weltall:
http://www.learnweb.de/weltall/start.htm
* Milkyway und Mars – Wissenswertes aus dem All:
http://aachen.heimat.de/milkyway_mars/milkyway_mars/default.html
* Die Sternwarte Neumarkt für Kids im Netz: http://www.sternwarte-neumarkt.de/html/fur_kids.html
* Viele Bilder des Universums:
http://astro.goblack.de/

Natur:
* Die Entstehung des Wattenmeers:
http://schulen.nwn.de/watt/s-1.html
* Im virtuellen Wald-Klassenzimmer lernst du alles über den Buchenwald:
http://uni-schule.san-ev.de/space/EMA_Buchenwald/
* Der Regenwald:
http://www.abenteuer-regenwald.de/

* Projekt zum Thema Wasser:
http://www.lfr.ka.bw.schule.de/aqua/titel/verzeichn.htm
* Aktive und ruhige Vulkane:
http://www.vulkane.net/junior/vor.html
* Geschichten und Rätsel rund ums Wasser:
http://www.pixelgap.com/pi_wasser/1209/

Mensch:
* Alles über Blut, Herz und Blutkreislauf:
http://www.eduvinet.de/mallig/bio/blut5/blut5.htm
* Das menschliche Auge:
http://www.freevis.de/info/auge.html
* Das menschliche Skelett:
http://www.eduvinet.de/mallig/bio/Repetito/skelet1.html
* Wie die Nase funktioniert:
http://www.geo.de/GEOlino/menschen_laender/2002_09_GEOlino_koerpergerueche_nase/
* Das menschliche Ohr:
http://www.widex.ch/de/schall/hoeren.html
* Die Haut des Menschen:
http://www.geo.de/GEOlino/menschen_laender/1998_02_GEOlino_haut/index.html

Sport:
* Deutscher Fußball-Bund:
http://www.dfb.de/
* Deutscher Sportbund:
http://www.dsb.de/
* Riesiges Angebot für Pferdeliebhaber:
http://www.reiten.de/
* Alles zum Thema Sport:
http://www.sport1.de/

Tiere:
* Ein sehr umfangreiches Tierlexikon:
http://www.das-tierlexikon.de/
* Tierlexikon für Kinder:
http://www.kinder-tierlexikon.de/
* Viel Wissenswertes über Dinosaurier:
http://www.dinosaurier-interesse.de/Kinder1.html
* Dinosaurier-Rekorde:
http://www.sfk-oberfranken.de/dinos/din_extr.htm

Register

Aal 55, 177
Abakus 42
Abfertigungshalle 50, 51
Abgase 19, 21, 140
abnehmender Mond 97
Abschussrampe 110, 111
Achse 19, 44
Adler 158, 159
Affe 17, 121, 138
Affenbrotbaum 26, 27
Afghane 76
Afrika 8, 12, 40, 60, 87, 103, 112, 120, 124, 143, 155, 157
Afrikanischer Elefant 41
Aga-Kröte 11
Ägypten 8, 63, 150
Ägypter 9, 42, 84, 122
Ahorn 24
Ähre 60
Akropolis 30
Alamosaurus (Dinosaurier) 37
Albatros 156
Alexander d. Große 63
Alhambra 29
Alligator 138
Allosaurus (Dinosaurier) 36
Alpenapollo 72
Alpendohle 73
Alpenkrähe 72
Alpensalamander 73
Alpenschneehuhn 73
Alpensteinbock 72
Altokumulus (Wolkenform) 169
Altostratus (Wolkenform) 168
Altsaxofon 98
Altsteinzeit 152–154
Amargasaurus (Dinosaurier) 37
Ameise 80, 121, 163, 173
Ameisenbau 172, 173
Amerika 12, 40, 78, 79, 91, 123, 124, 161
Ammenhai 67
Ammonit 38, 57
Amphibien 10
Amundsen, Roald 125
Anakonda 40, 112, 114
Analog-Quarzuhr 151
Ananas 103
Anasazi-Indianer 31
Angkor Wat 30
Antarktis 14, 15, 41
Antenne 47
Antike 119, 126
Antrieb 18, 20, 21, 110
Antriebsmotor 21
Antriebsräder 18
Anubis 9
Apfel 102
Appaloosa 106
Aprikose 102
Aquarellfarbe 46
Aquarium 71

Äquator 41, 82, 83, 112
Ara 12, 13, 158, 160
Araber 106
Arakanga 13
Ararauna 13
Arbeitsschlitten 44
Archimedes 42
Architekt 8, 29, 33
Arktis 14, 15, 27, 40, 68
Artischocke 58, 59
Arzt 33
Äsche 128, 129
Aschewolke 161
Asiatischer Elefant 113
Asien 12, 25, 40, 41, 60, 63, 72, 78, 87, 106, 112, 154, 161
Atlantik 90, 125, 177
Atlantischer Ozean 40
Atmosphäre 133
Atomkraft 140
Atom-U-Boot 123
Atomuhr 151
Aubergine 59
Auerhahn 72
Auerhuhn 158, 159
Auerochse 86, 154, 155
Augapfel 93
Auge 17, 93
Augustus 119
Ausgleichsgetriebe 19
Auspuff 21
Austernfischer 139, 156
Australien 12, 16, 40, 41, 60
Australischer Grasbaum 26, 27
Auto 18, 19, 33, 45, 49, 65, 149, 162
Autodeck 65
Automechaniker 33
Autotransporter 89
Avocado 103
Azteken 124

Baby 56
Bach 54, 55, 167
Bache 163
Bachflohkrebs 55
Bachforelle 55, 128, 129
Bäcker 32, 33
Bahn 20
Balalaika 99
Balladeuse Nr. 9 (Luftschiff) 90
Ballon 90, 91
Ballon von Charles und Robert 90, 91
Ballon von Meusnier 91
Bambus 26
Banane 35, 103
Banjo 99
Banyan-Baum 26
Baobab (Baum) 26, 27
Bär 138, 154, 173

Baritonsaxofon 98
Bartenwal 164, 165
Bartgeier 73
Basilika Julia 118
Basilikum 61
Basilius-Kathedrale 31
Basketball 134, 135
Bassklarinette 99
Batterie 18, 151
Bauchmuskeln 93
Bauer 22, 23, 32, 87
Bauernhof 22, 23, 69, 88, 171
Baum 24, 26, 27, 35, 37, 82, 83, 112, 113, 120, 143, 144, 158, 163
Baumaschinen 28
Baumhöhle 13, 172
Baummarder 163
Baumpython 114
Baustelle 29
Bauwerke 30
Becken (Körper) 92
Becken (Musikinstrument) 98
Beerenobst 103
befruchtete Eizelle 56
Beleuchter (Theater) 146
Bell X-1 (Flugzeug) 53
Bell-Jetranger (Hubschrauber) 52
Benzin 19, 88, 89
Benzinkutsche 45
Benzinmotor 18
Bereitschaftspolizei 109
Bernhardiner 76
Beruf 32
Berufsmusiker 33
Beton 29, 69
Betonmischer 29, 89
Beuteltier 16
Biber 144, 145
Biene 80, 172
Bienenelfe 16
Bienenhonig 80
Bienenwabe 172
Bireme 122
Birke 24, 162
Birne 102
Bisamratte 144
Bison 40
Bizeps 93

Bizepsmuskel 93
Blase 93
Blasinstrument 98
Blätter 24, 25, 27, 37, 61, 82, 83, 162, 173
Blättermagen 87
Blattgrüne Mamba 114
Blauhai 67
Bläuling 81
Blaumeise 159, 162
Blauwal 41, 164, 165
Bleistift 46
Blesshuhn 144, 145
Blindenhund 76
Blindschleiche 85
Blitz 169
Blockflöte 99
Blume 23, 27, 34, 82, 83
Blumenkohl 59
Blut 92, 93
Blüte 24, 34, 59–61, 80, 102
Boeing 247 D 52
Boeing 314 Clipper 52
Bogenbrücke 149
Bohrer 42
Bongo 99
Bonney, Anne 127
Borkenkäfer 163
Borstenwurm 138
Bougainvillea 35
Boxer 76
Brachiopode (Fossil) 57
Brandenburger Tor 31
Brandgans 139
Bratsche 99
Braunbär 40
Bremsbacken 19
Bremse 21
Bremsscheibe 19
Brokkoli 59
Brombeere 102, 103
Bromelie 35
Bruchweide 144
Brücke (Bauwerk) 118, 148
Brücke (Flughafen) 50, 51
Brunnenkresse 54
Brustmuskel 93
Buche 24, 163
Buckelwal 40, 177
Büffel 78, 79, 120
Büffelhaut 68
Bug 170
Bugklappe 64, 65
Bühnenarbeiter 147
Bühnenboden 146
Bühnenraum 147
Buntstift 46
Burg 31, 116, 117
Burgherr 116
Burghof 117
Burgtor 117
Burmakatze 84
Bus 45, 89
Bussard 158, 159

Caesar, Gaius Julius 119
Callcenter 33
Cape Canaveral 110
Carnotaurus (Dinosaurier) 36
Castel del Monte 30, 31
Cello 99
Chamäleon 17, 138

Champignon 107
Cheopspyramide 8
Cheyenne 79
Chicoree 58, 59
Chihuahua 76
chinesische Dschunke 122
Chip 43
Chordatiere 138
Clownfisch 16, 17
Cockpit 50, 51
Collie 76
Commerson-Delfin 40
Computer Z3 43
Concorde 52, 53
Containerfrachter 64, 65
Containerschiff 65, 123
Cook, James 125
Cortés, Hernán 124

Dachs 137, 163
Dackel 76
Dahlie 34
Daimler, Gottlieb 45
Damhirsch 41
Dampf 21, 100, 141
Dampflokomotive 20, 21
Dampfmaschine 42, 43
Dampfmaschinenkutsche 45
Darm 87, 93
Dattel 103
Delfin 40, 138, 164, 165
Desoxyribonucleinsäure (DNS) 43
Deutscher Schäferhund 76
Diensthunde 76
Diesel 88
Diesellokomotive 21
Dieselmotor 18, 20, 21, 64, 89
digitaler Funkwecker 151
Dill 61
Dingo 41
Dinornis maximus (Urzeittier) 155
Dinosaurier 36–38, 57, 85
Dirigent 98, 99
Diskuswerfen 62, 63
Distel 59
Doedicurus (Urzeittier) 155
Dohle 158
Doldengewächs 59
Dompfaffmännchen 162
Dompfaffweibchen 162
Dorsch 129

Downhill 134
Drachenfliegen 135
Drais, Karl von 45
Draisine 44, 45
Drake, Sir Francis 125
Drehleiter 49
Dreimaster 123
Dreirad 45
Dreisprung 63
Dreizehenmöwe 139
Drescherhai 67
Dromedar 40, 174, 175
Druckerpresse 43
Drusenkopf 85
Dschungel 143
Dschunke 68, 69
Dudelsack 99
Dunkelroter Ara 13
Düsenflugzeug 51

Ebbe 96, 97, 139
Echse 85
Edelweiß 72
Ediacara (Fossil) 57
Edison, Thomas 43
Ei 11, 13, 16, 23, 37, 81, 128, 172
Eiche 24, 163
Eichelhäher 158, 163
Eichhörnchen 24, 136–138, 173
Eichhörnchenkobel 173
Eidechse 85
Eierstock 56
Eiffelturm 31, 90
Eileiter 56
Einrad 45
Einsatzfahrzeug 48, 108, 109
Einsatzleitzentrale 108
Einspänner 44, 45
Eisbär 14, 15, 40
Eisberg 14
Eisvogel 144, 157
Eiswüste 15, 68
Eizelle 56
Elasmosaurus (Dinosaurier) 38, 39
Elch 40
Elefant 120, 138, 155
Elefantenbulle 120
Elefantenherde 120
Elefantenkuh 120, 121
Elektrik 21
elektrische Uhr 151
Elektrolokomotive 21
Elektromotor 20
Elfenkauz 175
Elle 92
Elritze 145
Elster 158
Emu 41
Endmoräne 73
Energie 92, 104, 140, 141
Englischhorn 98, 99
Entdecker 124
Ente 23, 138, 157
Entenschnabelsaurier 37

Enterhaken 126, 127
Entermesser 126, 127
Entfernungsmesser 42, 43
Erbse 58, 59
Erdbeben 69, 160, 161
Erdbeere 102, 103
Erde 40, 41, 82, 94–97, 100, 110, 111, 130, 132, 133, 166, 168, 176
Erdgas 140
Erdkruste 40, 160, 161, 167
Erdmantel 40
Erdoberfläche 72, 160
Erfindungen 42
Erik der Rote 122
Eriksson, Leif 124, 170
Esche 24
Esel 106
Eule 158, 175
Europa 12, 40, 41, 61, 72, 91, 115, 118, 144, 154, 157
Eurotunnel 148

F-117 A Stealth-Fighter Nighthawk (Flugzeug) 53
Fagott 98, 99
Fähre 64, 65, 123
Fahrpult 20, 21
Fahrrad 45
Fahrstrom 21
Fährte 136
Fahrwerk 50, 52
Fahrzeuge 44, 45
Fallschirmventil 91
Farbe 17, 46
Fasan 136, 157
Fata Morgana 100
Faultier 40, 112
Federhaufenwolke 169
Federung 18
Federwolke 169
Feige 103
Feigenkaktus 33
Felchen 128, 129
Feldfrüchte 22
Feldhase 40
Feldheuschrecke 138
Feldsalat 58, 59

Feldskorpion 115
Felswüste 15
Fenchel 59
Fennek 175
Fernseher 47, 88
Fersenbein 92
Feuer 49
Feuersalamander 10, 11, 55
Feuerwehr 48, 49
Feuerwehrauto 89
Feuerwehreinsatz 48
Fichte 25, 162

Filzstift 46
Fingerknochen 92
Finnwal 40
Fisch 10, 32, 39, 55, 65, 67, 71, 105, 128, 138, 144, 156, 157, 164, 165
Fischadler 144, 145
Fischechse 85
Fischer 32
Fischerboot 64, 65
Fischlogger 65
Fischotter 55
Fischsaurier 38
Flamingo 157
Fledermaus 75, 138, 175
Fleisch 23, 86
Fleischfresser 36
Fliege 80

Fliegende Fische 16, 105
Fliegenpilz 107
Floh 80, 81
Flöte 98
Flugbiene 173
Flughafen 49, 50
Fluglotse 50
Flugsaurier 38, 39, 85
Flugzeug 50–53, 110
Flugzeugschlepper 51
Fluss 41, 54, 55, 73, 85, 140, 141, 148, 157, 166, 167
Flussbarsch 128
Flussdelfin 165
Flusskrebs 55
Flussperlmuschel 55
Flusspferd 41, 120
Flussuferläufer 55
Flut 96, 97, 139
Flutender Hahnenfuß 54
Flutwelle 101
Flyer der Brüder Wright (Flugzeug) 52
Fokker VIIA-3M (Flugzeug) 52
Förster 163
Fortpflanzung 56, 172
Forum Romanum 118
Fossilien 57
Franklin, Sir John 125
Frischling 163
Frischluftzufuhr 140
Frischwassertank 50
Frischwasserwagen 50
Frosch 10, 11
Froschlaich 10
Früchte 12, 24, 35, 83, 102
Frühling 59, 82, 83
Fuchs 15, 136, 137, 163
Fuchsie 35
Fuchsspur 137
Fühlen 93
Funk 151

193

Funke 19
Fußball 134, 135
Fußspur 137

Galeere 122, 123
Gämse 73
Ganges-Delfin 41
Gangway 50, 51
Gans 23
Gänseblümchen 35
Gänsegeier 72, 73
Garnele 139
Gas 95, 131–133, 160
Gaswolke 95, 130, 132
Gebärmutter 56
Gebirge 25, 40, 72, 176
Geburt 56
Geburtshelferkröte 10, 11
Gecko 17
Gefieder 15, 157, 158
Gehirn 92, 93
Geier 121, 159
Geige 98
Geläuf 136
Gelbbauchunke 10, 11
Gelbbrustara 13
Gelbe Teichrose 145
Gelbrandkäfer 80, 145
Gelenkwelle 19
gemäßigte Zone 41
Gemüse 23, 58, 59

Gemüsesorten 58
Generator 21, 140, 141
Gepard 41, 121
Gerät zur Schallaufzeichnung 43
Geräteturnen 134
Gerste 60
Geruchssinn 66, 75
Geschmacksknospen 93
Gesichtsmuskeln 93
Gestein 40, 72, 132, 160
Gesteinsschicht 40, 57
Gesteinswüste 177
Gestik 146
Getreide 22, 60
Getriebe 18, 19
Geweihschwamm 138
Gewitter 168
Gewitterwolke 168, 169
Gewürze 61
Gewürznelken 61
Geysir 100, 101
Gezeiten 96, 104
Giftnatter 114
Giftschlange 114, 175
Gigantopithecus (Urzeittier) 155

Gigantosaurus (Dinosaurier) 36
Gila-Krustenechse 85, 175
Ginkgo 27
Giraffe 40, 120
Gitarre 99
Gladiatorenkämpfe 30
Glasspiegel 43
Gleichrichter 20, 21
Gleis 20
Gletscher 14, 73
Gletscherzunge 73
Glied (Fortpflanzung) 56
Gliederfüßer 138
Gnu 120
Goldhamster 70, 71
Golf 134
Gong 99
Gorch Fock 122, 123
Gorilla 112, 155
Gottesanbeterin 17
Grabkammer 8
Granatapfel 103
Grapefruit 103
Graureiher 145, 157
Grauwal 41
Greifvögel 158
Griechen 62, 63, 146
Griechenland 62
Grönland 124, 170, 176
Grönlandhai 67
Groppe 55
Großer Tümmler 40, 41, 164, 165
Großtrappe 159
Grottenolm 17
Grundfarben 46
Grüne Bohnen 58, 59
Grüner Knollenblätterpilz 107
Grünflügelara 13
Gurke 58, 59
Gürteltier 40, 138, 155
Gutenberg, Johannes 43
Güterzug 20
Gymnastik 134

Haarstern 138
Hackbrett 99
Hafen 64
Hafer 60
Hagel 166, 168
Hagia Sophia 30
Hai 66, 138
Hai-Arten 67
Halbmond 97
Halbwüste 35
Halleyscher Komet 95
Hallimasch 107
Halswirbel 92
Hammerhai 67
Handelsschiff 64, 127
Händler 32, 123
Handwurzelknochen 92
Hansekogge 122
Harfe 98
Hartweizen 60
Hase 15, 136–138

Haselnussstrauch 163
Haubentaucher 144, 157
Haufenwolke 168, 169
Hauptbühne 146, 147
Hauptkrater 160
Häuptling 77, 170
Hauskatze 84
Hausskorpion 115
Haustier 70, 76, 86
Haut 92, 93
Hebebühne 146, 147
Hecht 128, 129, 144, 145
Heck 170
Heckklappe 65
Hefepilz 107
Heidelbeere 102, 103
Heidelibelle 145
Heilbutt 129
Heilkraut 35
Heilpflanze 112
Heißluftballon 91
Helikon 99
Heliconia 35
Hellroter Ara 13
Herbst 24, 83, 157, 162, 176
Herbstanfang 83
Hering 129
Heringsmöwe 139
Hermelin 73
Heron 43
Herz 93
Herzmuschel 139
Heyderdahl, Thor 122
Hibiskus 35
Hieroglyphen 9
Himbeere 102, 103, 163
Hirsch 136, 137
Hirschkäfer 80
Hirschkäferweibchen 163
Hirse 60
Hirte 152
Hirtenhund 76
Hirtentäschel 35
Hitzeschutzschild 111
Hochgebirge 72, 158, 159
Hochgeschwindigkeitszug 21
Hochhaus 69
Hochrad 44, 45
Hoden 56
hohe Federwolke 168
hohe Haufenwolke 169
hohe Schichtwolke 168
Höhle 68, 74, 75, 173
Höhlenbär 154
Höhlenfisch 75
Höhlenforscher 74, 75
Höhlenhyäne 154
Höhlenlöwe 154

Höhlenmalerei 75
Höhlenperle 75
Höhlenwohnung 68, 69
Hohltier 138
Holunderbeere 102, 103
Holz 24, 25, 30, 69, 98, 162
Holzhaus, Schweden 69
Holzhaus, USA 69
Honig 172
Hören 93
Hornhecht 129
Hornisse 80
Hubschrauber 52, 53
Huhn 23
Hühnervogel 159
Hülsenfrüchte 59
Humboldt, Alexander von 125
Hummel 80, 163
Hund 70, 76, 136, 137
Hunderassen 76
Hütehund 76
Hutpilze 107
Hyäne 120, 121
Hyazinthara 13
Hydrant 49

Ibis 156, 157
Ichthyosaurus (Dinosaurier) 38, 39
Ichthyostega (Fossil) 57
Igel 138
Iglu 68
Iguanodon (Dinosaurier) 37
Indianer 68, 78, 79, 124
Indianerstamm 77, 78
Indien 26, 59, 86, 103, 124
Indischer Elefant 41
Indischer Ozean 41, 127
Indonesisches Haus 69
Informatiker 33
Inka 77
Inline-Skates 45
Insekten 11, 34, 54, 80, 138, 144, 145, 156, 163, 175

Insektenarten 80
Instinkt 172
Intercityexpresszug (ICE) 21
Inuit 68
Iris (Auge) 93
Irokese 78

Jack-Russel-Terrier 76
Jagdhund 76
Jaguar 112
Jahreszeit 41, 82, 83
Jazzbesen 99
Johannisbeere 102, 103
Jungsteinzeit 152
Jupitertempel 118

Käfer 80, 138, 163
Käferschnecke 138
Kaiman 40, 112
Kaiser 30, 118, 119
Kaiserfisch 104, 105
Kaiserpalast in Peking 31
Kajakfahren 135
Kaki 103
Kalb 86, 87
Kalk 75
Kalkschwamm 138
Kaltblüter 85, 106
Kaltblutpferd 106
kalte Zone 41
Kältewüste 174
Kalzit 75
Kamin 33, 140
Kaminkehrer 32, 33
Kamm-Molch 10, 11
Kampfschild 170
Känguru 16, 41, 138
Kaninchen 70, 71
Kanone 126
Karosserie 18
Karpfen 128, 138, 144, 145
Kartoffel 22, 59
Kastagnetten 99
Kastanie 163
Katalysator 19
Katze 70, 84, 136, 137
Katzenhai 67
Katzenrassen 84
Kaulquappe 10, 145
Kellner 33
Kernobst 102
Keyboard 99
Kidd, William 127
Kiefer 25, 163
Kiemen 10, 17, 128, 164
Kipplaster 28, 29, 89
Kipprotor 52, 53
Kirsche 102, 103
Kiwi 103
Klapperschlange 114, 175
Klarinette 98, 99
Klatschmohn 35
Klavier 98
Klee 34
Kleiner Schwertwal 41, 164
Klettern 68, 69, 85, 104, 113, 134
Kniescheibe 92
Knoblauch 58
Knochen 66, 92, 152
Knochenhaut 92
Knollenblätterpilz 107
Knorpelfisch 66

Koala 16, 17, 41
Kobra 114
Köcherfliegenlarve 55
Kohle 21, 140
Kohlekraftwerk 140
Kohlgemüse 59
Kohlmeise 159
Kohlrabi 59
Kohlweißling 81
Kokosnuss 27
Kokospalme 26, 27
Kolben 19, 28, 89
Kolbenmotor 52
Kolkrabe 72
Kolosseum 30
Kolumbus, Christoph 123, 124
Komet 94, 95
Kommodo-Waran 85
Komödie 146
Kondensation 169
Kondensator 141
Kondor 158, 159
König 30, 31, 45, 63, 127, 146, 170
Königskobra 114
Kon-Tiki 122
Kontinent 14, 40, 64, 78, 104, 111, 160
Kontrabass 99
Kopffüßer 38
Kopfpanzer 57
Kopfsalat 58, 59

Kopilot 51
Koralle 138
Korallennatter 114
Korallenriff 105
Kornblume 35
Kornett 98
Korntank 22
Kosmische Maschine 150
Kostüm 147
Krabbe 75, 139
Kraftübertragung 18
Kraftwerk 140
Krak de Chevaliers 30, 31
Kralle des Archimedes 42
Kran 29, 64, 65, 89
Kranich 157
Krankenwagen 48
Krater 161
Krausenhai 66
Kräutergarten 117
Krebs 138, 165
Kreide 46
Kreuzfahrtschiff 123
Kreuzkümmel 61
Kreuzotter 114

Kreuzspinne 115, 172, 173
Krickente 144, 145
Kriechtiere 85
Kriegsschiff 123
Kriegswagen 44
Kriminalpolizei 108
Krokodil 85, 121
Krokus 34
Kröte 10, 11, 142
Kuckuck 162
Kuh 23, 86, 87
Kühler 21, 89
Kühlerlüfter 21
Kühllastwagen 88
Kühlraum 65
Kühlventilator 18, 89
Kulissen 146, 147
Kümmel 61
Kumquat 103
Kumulonimbus (Wolkenform) 168
Kumulus (Wolkenform) 168, 169
Kupplung 18
Kurbelwelle 89
Kürbisgewächs 59
Kurie 119
Kurzhaarrassen 84
Küste 65, 97, 104, 156
Kutsche 44, 45
Kwakiutl 78

Labmagen 87
Lachs 55
Landebahn 110
Landschildkröte 85, 138
Landung 50, 110
Langhaarrassen 84
Langschiff 170
Larve 55, 81
Lastenkahn 123
Lastwagen 28, 29, 64, 88, 89
Latschenkiefer 73
Laubbaum 24, 162
Laubfrosch 11, 138, 145
Lauch 58
Laufrad 44
Lava 160, 161
Lavabombe 160
Lebensraum 13, 113, 144, 159
Leber 93
Leberegel 138
Leguan 85
Lehrer 32
Leierschwanz 158, 159
Lemming 15
Lemur 17
Lendenwirbel 92
Lenkgestänge 18
Lenkrad 19
Leopardenhai 67
Libelle 138
Lichtmaschine 18, 21
Lichtuhr 151
Lichtzelle 151
Liebstöckel 61
Lilie 27

Linde 24
Live-Übertragung 47
Lockheed C-130 Hercules (Flugzeug) 53
Lockheed Constellation (Flugzeug) 52
Lockheed SR-71 Blackbird (Flugzeug) 53
Löffelbagger 28, 29
Lorbeer 61
Löschboot 49
Löschwagen 48, 49
Lotsenschiff 123
Löwe 41, 84, 120, 121
Löwenzahn 34
Löwin 41, 120, 121
Luchs 136, 137
Lufteinlässe 20, 21
Lüfter 20, 21
Luftfilter 18
Luftkissenboot 123
Luftschiff „Graf Zeppelin" 90, 91
Luftschiff 90
Luftschiff Macon 90, 91
Luftschiff R 34 90
Luftschiff von Santos-Dumont 90
Luftschiff Zeppelin NT 91
Lüftung 149
Luftwurzeln 26
Lunge 10, 17, 93, 164
Lurch 10, 144

Machu Picchu 77
MacMillan, Kirkpatrick 45
Made 172
Magellan, Ferdinand 124
Magen 87, 93
Magma 160, 161
Magmakammer 160
Magnetschwebebahn 20
Mähdrescher 22
Maiasaura (Dinosaurier) 37
Maiglöckchen 162
Maikäfer 80
Mais 22, 78
Majoran 61
Makrele 129
Maler 33
Mammut 57, 153–155
Mammutbaum 25, 27
Mandoline 99
Mangold 58, 59
Mangrove 26
Manta 66, 105

195

Marco Polo 124
Marder 136, 137
Margarite 35
Marianengraben 104
Marienkäfer 80
Marimbafon 99
Marionettentheater 146
Maschine 21, 22, 32
Mauerläufer 72
Mauersegler 159
Maulesel 106
Maultrommel 99
Maulwurf 173
Maus 70, 71, 159

Mauswiesel 163
McDonnell-Douglas-AV-8B
   (Flugzeug) 53
mechanische Uhr 150
Meer 14, 40, 55, 67, 104, 156,
   157, 166–168, 177
Meeraal 129
Meerengel 67
Meeresfisch 128, 129
Meerespflanzen 105
Meeressäuger 165
Meeressaurier 38
Meeresschnecke 139
Meerestiere 105
Meersau 66
Meerschweinchen 70, 71
Meerwasserfisch 129
Megaloceros (Urzeittier) 154
Mehrstufenrakete 110, 111
Meise 158, 159
Melisse 61
Melkstand 23
Melone 103
Menschenaffe 121, 153
Mesa Verde 30, 31
Metamorphose 81
Meteor 94
Meteorit 94, 95
Miesmuschel 138, 139
Milch 23, 86–88
Milchkammer 23
Milchtankwagen 23
Mimik 146
Mischkammer 140
Mischpilze 107
Mischwald 162
Mistkäfer 80
Mittelalter 45, 116, 124, 150
Mittelamerika 13, 40, 112, 125
Mitteleuropa 24, 25
Mittelfußknochen 92
Mittelhandknochen 92
Mittelmeer 41, 118, 126
Mittelohr 92
Mittelsteinzeit 152

Möhre 58, 59
Mond 96, 97, 176
Mondphasen 97
Monterey-Zypresse 25
Montgolfier-Ballon 90
Moräne 73
Morphofalter 81, 112
Moschee in Djenné 31
Motor 18, 65, 89, 151
Motorantrieb 52
Motorrad 45
Motorroller 45
Mount Everest 72, 104
Mountainbike 134
Möwe 15, 139, 156, 157
Mücke 80
Mufflon 73
Muli 106
Müller 32
Mumie 9
Mundharmonika 98, 99
Murmeltier 73
Muschel 105, 139, 144, 157
Musical 146
Musik 98
Musiker 98, 147
Musikinstrument 33, 98
Musiktheater 146
Muskatnuss 61
Muskeln 92, 93

Nachrichtensatellit 47, 110
Nachtigall 55
Nachtpfauenauge 81
Nachtraubvogel 158
Nadelbaum 25, 162
Nährstoff 58, 60, 93
Nahverkehrszug 20
Narwal 14, 41
Narzisse 34
Nase 93
Nasenhai 67
Natronsalz 9
natürliche Tarnung 142
Naturphänomene 100
Navajo 78
Neandertaler 153
Nerven 92
Nervenzellen 93
Nesseltiere 17, 138
Netzauge 80
Netzmagen 87
Neumond 97
Neunauge 138
Niederwild 136
Niedrigwasser 97
Nieren 93
Nilkrokodil 85
Niltal 8
Nimbostratus (Wolkenform)
   169
Nonnengans 176, 177
Nordafrika 25, 106
Nordamerika 40, 68, 78, 79,
   91, 124, 144, 163, 170
Nordhalbkugel 82, 83
Nordkaper 40

Nördlicher Glattdelfin 40
Nordpol 14, 34, 41, 100
Nordpolarmeer 40, 41
Nordsee 126, 127
Nordwest-Passage 125
Notarzt 48
Nothosaurus (Fossil) 57
Notre-Dame 30, 31
Notruf 48
Notrufsäule 149
Nottunnel 149
Nutztier 70, 86
Nymphensittich 71

Oase 100, 174
Oberarmknochen 92
Oberkiefer 92
Oberleitung 21
Oberschenkelknochen 92
Oboe 99
Obst 23, 58, 102
Obstarten 102, 103
Ohr 93
Okarina 98
Ölfarbe 46
Ölkühler 20, 21
Olm 11
Ölnachfüllstutzen 18
Olympia 63
Olympische Spiele 63
Oper 146
Orange 103
Orang-Utan 41, 112, 113
Orchester 33, 98
Orchestergraben 146, 147
Organe 92, 93
Orgel 99
Ornithomimus
   (Dinosaurier) 37
Oryxantilope 174, 175
Osterglocke 34
Ostsee 126, 129
Ozean 72, 104

Palas 116, 117
Panda 41
Panflöte 99

Pansen 87
Pantomime 146
Panzernashorn 41
Panzersaurier 37
Papagei 12, 13, 71, 159
Papageienschnabelblume 35
Papaya 103
Pappel 24
Paprika 59, 61
Parasaurolophus
   (Dinosaurier) 37
Parasiten 81, 138
Parthenontempel 30
Passagierflug 50

Passagierflugboot 52
Passagierflugzeug 52
Passagierkabine 50, 51
Passagierschiff 65
Pauke 99
Pavian 120, 121
Pazifik 77, 104, 125
Pazifikküste 161
Pazifischer Ozean 40, 41
Pedalfahrzeug 44, 45
Pelikan 157
Pendel 151
Penduluhr 151

Penicillin-Pilz 107
Petersilie 61
Pfaffenhütchen 54
Pfahlhaus 68
Pfeffer 61
Pfeiler 148
Pfeilgiftfrosch 10, 11
Pfeilschwanzkrebs 138
Pferd 23, 106, 153
Pferderassen 106
Pfifferling 107
Pfirsich 102, 103
Pflanze 25, 34–36, 54, 61,
   72, 83, 102, 112, 166, 174
Pflanzenfresser 37
Pflaume 102
Pharao 8, 9, 30
Philosoph 62
Pikkoloflöte 99
Pillendreher 80
Pilot 51
Pilotwal 40
Pilz 107
Pinguin 15, 40, 138, 156
Pinie 25
Pirat 126, 127
Piratenschiff 126, 127
Piratenüberfall 126
Pirol 55
Planet 94, 130, 132, 133
Planierraupe 28, 29
Planwagen 44, 45
Plattwürmer 138
Pleuelstange 89
Pol 82
Polareis 125
Polarforscher 125
Polarfuchs 14, 40

Polargebiet 14, 15
Polarlicht 100
Polarregion 10, 125
Polizei 108
Polizeihubschrauber 109
Polizeihund 76
Polizist 109
Polster-Steinbrech 72
Polybios 42
Polynesien 122
Polyp 17, 105, 138
Pony 106
Portugiesische Galeere 16, 17, 104, 105
Posaune 98, 99
Pottwal 41, 105, 164, 165
Prärieindianer 106
Priester 9
Primärfarben 46
Proszeniumswand 146, 147
Przewalskipferd 106
Pteranodon (Dinosaurier) 39
Pubertät 56
Pudel 76
Puebloindianer 78
Puffotter 114
Puls 93
Puma 40
Pupille 93
Puppentheater 146
Pyramiden 8, 30

Quader 8
Qualle 17, 138
Quastenflosser 16, 105
Quelle 167
Quellmoos 54
Querflöte 99
Quetzalcoatlus (Dinosaurier) 39
Quitte 102

Rabenkrähe 136, 137
Rabenvogel 158
Rad 18, 21, 44
Radargerät 65
Radarstrahlen 53
Rädertier 138
Räderuhr 150, 151
Radieschen 58, 59

Radio 47
Radnetz 173
Radnetzspinne 115
Rafting 135
Raketenantrieb 110
Raketentriebwerk 111
Ratte 71
Raubfisch 129
Raubkatze 121
Raubsaurier 36

Raubtier 136, 154, 165
Raubvogel 142, 158
Raues Hornblatt 144, 145
Raumfahrt 110
Raumfahrtzentrum Cape Canaveral 110
Raumfahrzeug 110
Raumkapsel 111
Raupe 81
Raupenfahrzeug 110
Rednerbühne 118
Regenbogen 46, 100, 101
Regenbogenforelle 128, 129
Regenpfeifer 156
Regenschichtwolke 169
Regenwald 13, 112, 113
Regenwurm 138
Regenzeit 27
Reh 136, 137, 162, 163
Reis 60
Reißleine 91
Reizker (Pilz) 107
Renault-Limousine 45
Rennpferd 106
Rennrad 45
Rennskifahren 134
Rentier 15, 153
Reporter 33
Reptilien 36, 85, 114
Requisiten 147
Reservation 79
Rettich 58, 59
Rettichgewächse 59
Rettungshubschrauber 53
Rhamphorhynchus (Dinosaurier) 39
Riechen 93
Riesengleitbeutler 16
Riesenhirsch 154
Riesenmuschel 105
Riesenskorpion 174, 175
Riesenvogel 155
Rind 86, 87, 155
Rinderbandwurm 138
Rinderrasse 86
Ringelnatter 114
Ringelwürmer 138
Ringen 62, 63
Ringmauer 117
Rippe 92
Ritterburg 116
Robbe 40
Rochen 66
Rogen 128
Roggen 60
Rohrdommel 143
Rohrkolben 145
Rohrweihe 145
Rokokokutsche 44, 45
Rollschläuche 49
Rollschuhe 45
Rom 118, 119
Römer 44, 119, 146
Römisches Reich 118
Rosenkohl 59
Rosmarin 61
Rosskastanie 24

Rotbarsch 129
Rote Bete 58, 59
Rötelmaus 162
Roter Regen 101
Rotes Ordensband 142
Rotfuchs 41, 162
Rothirsch 163
Rotkehlchen 159
Rotkohl 59
Rübe 22
Ruder 122, 170
Rudern 135
Ruderschiff 122
Rundkopf-Delfin 40
Rundwürmer 138
Rüsseltier 155
Russisch-Blau-Katze 84

Säbelschnäbler 139
Safran 61
Sägehai 66
Sagrada Familia 31
Saiteninstrument 98
Salamander 10, 138
Salat 23
Salatgewächse 59
Salbei 61
Salz 58, 163, 167
Samen 12, 13, 25, 27, 60, 61, 102, 103, 128, 159
Samenzelle 56
Sandbank 139
Sandklaffmuschel 139
Sandotter 174, 175
Sandtigerhai 67
Sanduhr 150
Sandwurm 139
Sanitäter 48
Santa Maria (Schiff) 122, 123
Sardine 129
Sarkophag 9
Satansröhrling 107
Satellit 47, 110
Satellitenantenne 47
Satellitennavigationssystem GPS 43
Satellitenschüssel 47
Sattelrobbe 15, 40
Sattelzug 89
Sauerstoff 27, 93, 113, 128, 162
Säugetier 16, 121, 138, 159, 164
Säure 87
Savanne 120, 121
Saxofon 98
Schachtelhalm 57
Schädel 92

Schädling 81, 163
Schaduf 42
Schaf 23
Schäfer 32
Schafherde 32
Schakal 175
Schalentier 67, 136
Schalldämpfer 19
Schalmei 99
Scharrvogel 159
Schauspieler 146, 147
Scheide 56
Scheidenmuschel 139
Scheinwerfer 146, 147
Schichthaufenwolke 169
Schichtwolke 169
Schienbein 92
Schiff 49, 64, 122, 125, 127
Schildkröte 85
Schilf 143–145
Schimpanse 121
Schlaginstrument 98
Schlange 85, 114
Schlangenstern 138
Schlauch 48
Schlauchrolle 49
Schlauchtrupp 48, 49
Schlepper 123
Schlittschuh 42
Schloss Neuschwanstein 31
Schlüssel 42
Schlüsselbein 92
Schlüsselblume 34
Schmecken 93
Schmelzwasserbach 73
Schmerle 55
Schmetterling 80, 81, 138, 142

Schmetterlingsfisch 104, 105
Schmied 32, 117
Schnabel 12, 13, 156, 157, 159, 165
Schnabeligel 16
Schnabeltier 41, 138
Schnabelwal 40, 164, 165
Schnauzer 76
Schnecke 11, 54, 139, 144
Schneehase 73, 142
Schneidervogel 172, 173
Schnepfe 156
Schnittlauch 61
Scholle 139
Schotterwüste 174
Schrägseilbrücke 148
Schule 32
Schüler 32
Schulterblatt 92
Schuppe 128, 129
Schutzpolizei 109
Schwalbe 159

197

Schwalbenschwanz 81
Schwämme 138
Schwan 157
Schwanzlurch 11, 17, 75
Schwarmvögel 71
Schwarze Hauskatze 84
Schwarze Witwe 115
Schwarzerle 54
Schwarzspecht 163
Schwarzspitzen-Riffhai 67
Schwein 23
Schweinswal 40, 164, 165
Schwerguttransporter 89
Schwertfisch 129
Schwertwal 41
See 41, 73, 85, 129, 144, 148, 166
Seeanemone 16, 17
Seebeben 101
Seefahrer 124
Seefisch 128
Seegurke 138
Seehund 139
Seeigel 138
Seepferdchen 105
Seepocken 139
Seeräuber 126
Seeregenpfeifer 139
Seeringelwurm 139
Seescheide 138
Seeschlange 114
Seeschwalbe 156, 157
Seestern 38, 138, 139
Seevogel 156
Segelboot 64, 65
Segeln 135
Segelschiff 64, 122
Segelschiff, ägyptisches 122
Sehen 93
Sehnen 92
Seilbrücke 148
Seitenbühne 146, 147
Seitenmoräne 73
Sekundärfarben 46
Sellerie 58, 59
Semaphor (Erfindung) 42
Senat 119
Senator 119
Senkrechtstarter 53
Sennenhund 76
Serpent 99
Servicetunnel 149
Siamkatze 84
Silbermöwe 139
Silberweide 54
Silo 23
Singvogel 158
Sinne 93
Sinnestäuschung 100
Sinneswahrnehmungen 93
Sinterbecken 75
Sioux 79
Skelett 57, 66, 92
Skorpion 115
Skorpionenarten 115
Smaragdeidechse 85, 162
Soldatenara 13

Sommer 14, 82, 83, 112, 120, 142, 173, 176
Sonne 37, 46, 82, 83, 95–97, 100, 130–133, 140, 166, 168, 176
Sonnenaufgang 131
Sonnenblume 34
Sonnensystem 130, 132
Sonnenuhr 150

Sonnenuntergang 131
Sopransaxofon 98
Souffleur 147
Souffleurmuschel 147
Sousafon 99
Spaceshuttle 110, 111
Spannerraupe 143
Spargel 58, 59
Specht 158, 159
Speer 153
Speerwerfen 63
Speisefisch 129
Speisemorchel 107
Speisepilze 107
Sperling 159
Spießbock 175
Spinat 58, 59
Spinatgewächse 59
Spinett 99
Spinne 115, 138
Spinnenarten 115
Spinnentiere 115
Sport 134
Sportarten 63, 134
Sprechfunk 50
Sprechtheater 146
Sprungretter 48, 49
Spulwurm 138
Stachelbeere 102, 103
Stachelhäuter 138
Stadtstaat 62
Stahl 69
Stahlbeton 29
Stalagmiten 75
Stalaktiten 75
Stammbaum 138
Stängelloser Enzian 72
Star 176
Start 50, 110, 111
Startbahn 51
Startrakete 111
Staubwolke 130, 132
Stechmücke 145
Steel-Drum 99
Stegosaurier 37
Steigbügelknochen 92
Steinadler 73

Steinbock 40
Steinbrücke 148
Steinhuhn 72
Steinkauz 162
Steinkeule 153
Steinmetz 8
Steinobst 102, 103
Steinpilz 107
Steinzeit 152
Stellwerk 20
Steppe 41, 159
Steppenlandschaft 143
Steppenmammut 155
Stern 132, 133, 176
Sternfrucht 103
Sternschnuppe 94
Steuerelektronik 20, 21
Steuerung 21
Stichling 173
Stiefmütterchen 34
Stier 86
Stierkopfhai 66
Stimmgabel 99
Stinktier 40
Stockschwämmchen 107
Stör 129
Storch 156, 157, 172, 173, 176
Storchenschnabel 35
Störtebeker, Klaus 127
Stoßtrupp 48, 49
Strand 139
Strandkrabbe 139
Straßenbahn 45
Stratokumulus
(Wolkenform) 169
Stratus (Wolkenform) 169
Strauß 159
Streitwagen 44
Strohverarbeitung 22
Strom 21, 45, 140
Stromabnehmer 21
Stromerzeugung 140
Stromquelle 151
Stromschnellen 135
Strudelwurm 138
Stutzuhr 151
Suchomimus (Dinosaurier) 36
Südamerika 13, 40, 72, 77, 91, 112, 122, 125
Südamerikanischer Jaguar 112
Südfrüchte 103
Südhalbkugel 82, 83
Südostasien 112, 173
Südpol 14, 34, 41, 100, 125
Sumpf 157
Sumpfdotterblume 35
Sumpfgras 60
Sumpfpflanze 54
Supermarine Spitfire
(Flugzeug) 53
Surfbrett 135
Süßwasser 14, 165
Süßwasserfisch 128, 129

Tadsch Mahal 31
Tagpfauenauge 81

Tagraubvogel 158
Taipei Financial Center 31
Talarurus (Dinosaurier) 37
Tamburin 99
Tanklastwagen 88, 89
Tankstelle 88, 89
Tankwagen 50
Tapir 40, 112
Tarantel 115, 175
Tarnung (Tiere) 142
Taschenkrebs 139
Tastsinn 75
Taube 159
Tausendfüßer 138
Technikraum 147
Teich 144, 157
Teichfrosch 11
Teichmuschel 145
Teichrose 145
Telefon 33, 43
Telefongespräch 111
Telefonist 33
Tempel 62, 63, 118, 119
Tempel von Nara 30
Tender 21
Tennis 134, 135
Tenorhorn 99
Tenorsaxofon 98
Termiten 80
Terrarium 71
Teufelsrochen 129
Theater 146, 147
Theaterstück 146
Theaterwerkstatt 147
Thing 170
Thymian 61
Tiefseeanglerfisch 104, 105
Tierart 138, 154
Tiger 41, 84, 142, 143
Tigerhai 66, 67
Tintenfisch 38, 138, 165
Tintling 107
Tipi 68, 79
Tischler 32

Tischtennis 135
Tomate 58, 59
Tordalk 156, 157
Tornado (Flugzeug) 53
Tornado (Naturphänomen) 100, 101
Totenkopfflagge 126, 127
Tower 50, 51
Tragflügelboot 123
Tragödie 146
Tränendrüse 93
Transformator 20, 21, 141
Transportschiff 122
Transrapid 20

Treibstoff 50, 89, 111
Treibstoffkammer 89
Triangel 98, 99
Triceratops (Dinosaurier) 37
Triebwerk 51, 111
Trieste (U-Boot) 123
Trilobit (Fossil) 38, 39, 57
Triumphbogen 119
Trizepsmuskel 93
Trockenwüste 174
Trockenzeit 120
Trommel 98, 99
Trommelschlegel 99
Trompete 98, 99

Tropfstein 74, 75
tropische Zone 41
Tsunami 101
Tuba 98, 99
Tukan 40, 112, 158, 159
Tulpe 34
Tundra 15
Tunfisch 129
Tunnel 148, 149
Tunnelvortriebsmaschine 149
Turbine 140
Turbinenblätter 51
Turbinenrad 141
Türkische Angorakatze 84
Turmspringen 135
Turnhalle 134
Turnierkampf 117
Tyrannosaurus
    (Dinosaurier) 36

Uakari 112
U-Bahn 45
U-Bahn-Tunnel 149
Überschallflug 53
Überschallgeschwindigkeit 53
Übertragungswagen 47
U-Boot 123
Uferschnepfe 139
Uhr 150, 151
Uhrwerk 151
Uhu 158, 159
Ukulele 99
Ulme 24
Umspannwerk 141
Unechter Dornhai 67
Unfall 49, 109
Unke 10, 11
Unterkiefer 92
Unterseeboot 43
Ur 154
Urhai 39
Urknall 133
Urmensch 152
Urwald 13
Urzeit 154
Urzeitfisch 57
Urzeitmensch 152
Urzeittier 154
USA 31, 78, 95, 175

Vasco da Gama 124
Verdauung 87
Vergissmeinnicht 35
Verkehrsmittel 45
Verlies 117
Verschmutzung 162
Vibrafon 99
Viertaktmotor 19
Viola 99
Violine 99
Vitamine 58, 102
Vitruv 43
Vogel 12, 15, 16, 51, 54, 71,
    83, 103, 136, 144, 155–159
Vogelarten 158, 176
Vogelspinne 115
Vollmond 97
Vorburg 117
Vorhang 147
Vulkan 160, 161
Vulkanausbruch 160
Vulkangebiet 100
Vulkankegel 160, 161

Waaguhr 150, 151
Wabe 172
Wacholderbeeren 61
Wachsmalstift 46
Wadenbein 92
Wadenmuskeln 93
Wal 15, 164
Wald 107, 137, 158, 159, 162,
    163
Walderdbeere 162
Waldhorn 99
Waldkauz 163
Walhai 66, 67, 104, 105
Walross 15, 40, 138
Wandelndes Blatt 143
Wanderfalke 162
Wanderheuschrecke 177
Warmblutpferd 106
Wärmekraftwerk 140
Waschbär 162, 163
Wasseramsel 55
Wasserdampf 21, 140, 161,
    166–169
Wasserflugzeug 52
Wasserfrosch 145
Wasserkraftwerk 140, 141
Wasserkreislauf 166
Wasserläufer 144, 145
Wasserleitung 49, 118
Wassermolch 10
Wasserpflanze 54, 144, 145
Wasserschildkröte 71
Wasserspinne 115
Wasserspitzmaus 55
Wassertrupp 48, 49
Wasseruhr 150
Watt 139
Weberknecht 115
Wehrgang 117
Wehrturm 116
Weichtier 138, 165
Weichweizen 60
Weihrauch 9

Weinbergschnecke 138
Weintrauben 103
Weiße Bohnen 58, 59

Weißkohl 59
Weißkopfseeadler 40
Weißstreifen-Delfin 40
Weißtanne 25, 163
Weizen 60
Wellenreiter 135
Wellensittich 12, 13, 71
Wels 128, 129
Weltall 94, 96, 133
Weltumseglung 125
Wendeltreppe 116
Werkstattgebäude 110
Werkzeug 32, 48, 79, 152,
    153
Wespe 80
Westafrika 31
Wetter 168
Wettersatellit 110
Wetterstation 110
Wettervorhersage 110
Wettkampf 63, 134
Wettkampfrichter 63
Wettkampfschwimmen 135
Wettlauf 63
Wiedehopf 157
Wiederkäuer 87
Wikinger 124, 126, 170, 171
Wikingerschiff 122
Wikingersiedlung 171
Wildfarbene Tigerkatze 84
Wildkatze 84
Wildpferd 78, 79, 106
Wildschwein 41, 136, 137, 163
Windhund 76
Windsurfen 135
Winter 14, 23, 25, 82, 83, 112,
    120, 136, 142, 163
Winterschlaf 173
Wirbelsäule 92
Wirbelsturm 101
Wirbeltier 39, 138
Wirsing 59
Wobbegong 67
Wohnturm 116
Wohnwagen 69
Wolf 15, 76
Wolfspinne 115
Wolke 110, 132, 160,
    166–169, 174
Wuerhosaurus
    (Dinosaurier) 37
Wurfspeer 78, 79
Würgeschlange 112
Wurzel 25, 27, 46, 61
Wurzelgemüse 59

Wüste 40, 100, 159, 174, 175
Wüstenfuchs 40, 175
Wüstenspringmaus 175

Xylofon 99

Zahnrad 150
Zahnwal 165
Zaunkönig 158, 159, 162
Zebra 106, 120, 143
Zeder 25
Zehenknochen 92
Zeitmessung 150
Zeitsignal 151
Zeitung 47
Zelle 56
Zement 29
Zimt 61
Zirbelkiefer 72
Zirrokumulus
    (Wolkenform) 169
Zirrostratus (Wolkenform) 168
Zirrus (Wolkenform) 169
Zither 99
Zitrone 103
Zitronenfalter 81

Zitronenhai 67
Zucchini 59
Zug 20, 45
Zugbrücke 117
Zugmaschine 22, 89
Zugtiere 176, 177
Zugvogel 82, 83, 176
Zündkerze 19
zunehmender Mond 97
Zunge 11, 93
Zuschauerraum 147
Zwergmaus 173
Zwergweide 27
Zwiebel 58
Zwiebelgewächse 58
Zylinder 19, 28

Bibliografische Information Der Deutschen Bibliothek

Die Deutsche Bibliothek verzeichnet diese Publikation
in der Deutschen Nationalbibliografie; detaillierte bibliografische
Daten sind im Internet über **http://dnb.ddb.de** abrufbar.

3 2 1   07 06 05

© 2005 Ravensburger Buchverlag Otto Maier GmbH
Alle Rechte, auch die des auszugsweisen Nachdrucks,
der fotomechanischen Wiedergabe und der Übersetzung,
vorbehalten

Wir danken dem Verlag Beltz & Gelberg für die Abdruckgenehmigung
des Gedichts „Über die Erde" von Martin Auer auf den Seiten 180 und 181
(aus: Hans-Joachim Gelberg (Hrsg.): „Überall und neben dir"
1986 Beltz & Gelberg in der Verlagsgruppe Beltz, Weinheim & Basel)

Texte: Patricia Mennen
Illustrationen: Konrad Algermissen, Cinzia Antinori, Johann Brandstetter,
Lucia Brunelli, Silvia Christoph, Giampietro Costa, Anna Luisa und
Marina Durante, Betti Ferrero, Peter Klaucke, Milada Krautmann,
Filippo Pietrobon, Thomas Thiemeyer, Mariano Valsesia, Raphael Volery
Redaktion: Sabine Zürn
Printed in Germany
ISBN 3-473-35557-7

www.ravensburger.de

Abkürzungen

km = Kilometer
m   = Meter
cm = Zentimeter
t   = Tonnen
kg = Kilogramm
l   = Liter
Mio. = Millionen

Lösungswort von
Seite 184/185:
Wissen mit Spass